零起点学出纳

周龙腾 编著

中国宇航出版社
·北京·

图书在版编目（CIP）数据

零起点学出纳 / 周龙腾编著. --北京：中国宇航出版社, 2014.3

ISBN 978-7-5159-0630-0

Ⅰ.①零… Ⅱ.①周… Ⅲ.①出纳-基本知识 Ⅳ.①F233

中国版本图书馆 CIP 数据核字（2014）第 017196 号

策划编辑 董 琳 封面设计 文道思
责任编辑 董 琳 许 磊 责任校对 李 立

出版发行 中国宇航出版社
社 址 北京市阜成路 8 号 邮 编 100830
(010)68768548
网 址 www.caphbook.com
经 销 新华书店
发行部 (010)68371900 (010)88530478(传真)
(010)68768541 (010)68767294(传真)
零售店 读者服务部 北京宇航文苑
(010)68371105 (010)62529336
承 印 北京嘉恒彩色印刷有限公司
版 次 2014 年 3 月第 1 版 2014 年 3 月第 1 次印刷
规 格 880×1230 开 本 1/32
印 张 4.25 字 数 110 千字
书 号 ISBN 978-7-5159-0630-0
定 价 15.00 元

前言

俗话说，出纳工作是“三分动手，七分动脑”。当今社会的飞速发展，促使各行各业对更高层次的复合型出纳人才的需求越发迫切。出纳工作看似简单其实烦琐，要想做好并不是一件很容易的事，但是大家也无需担心，只要跟着书中所写多学习、勤思考、常练习，就一定能拥有一套规范的工作方法，实现工作效率的快速提高。

本书根据多年的企业出纳经验，专为从事一线工作的出纳编写，称得上是“出纳实务入门必备”。既适合初次接触出纳工作的新手，也可供企业的经营管理者和相关专业的学生参考。本书内容基本涵盖了一名合格的出纳人员所能接触到的各项工作，搭配表格并精心选取案例分析，对典型问题给予点拨提示，结合实践小故事、小案例、小提示等，让初学者“知其然，更知其所以然”，力求让读者用最短的时间、花最少的精力迅速掌握出纳业务技能，快速适应岗位要求。此外，本书还增加了业务操作技能的章节内容，介绍如何正确快速地操作电脑、计算器，以满足出纳工作的需求。因此，出纳人员完全可以把本书当做办公室的“手边书”，随时翻看学习。

最后，衷心希望本书能为广大出纳从业人员的实务工作提供帮助。同时，尽管在本书的编写和出版过程中，我们始终秉持精益求精的专业态度，但难免存在疏漏、不足之处，敬请广大读者批评指正。

作　者
2014年3月

目录

第一章　出纳是什么

第二章　出纳做什么

第三章　出纳的凭证和账簿

第四章　现金管理业务

出纳是什么

出纳是一个非常古老的行业，它是随着货币及货币兑换的出现而产生的。从字面上解释，“出”是指支出、付出，“纳”是指收入。在一般人看来，出纳工作好像很简单，不过是点点钞票、填填支票、跑跑银行等事务性的工作。其实不然，出纳工作不仅责任重大，而且有不少学问和政策、技术问题，需要好好学习才能掌握，本章就介绍下究竟什么是出纳。

在这一章，你将会知道

◇ 出纳是什么。

◇ 出纳人员的职责和权限是什么。

◇ 对出纳人员的基本要求有哪些。

◇ 为什么出纳如此重要。

出纳的定义和内涵

出纳，是会计部门的一个组成部分，主要负责企业现金和银行存款的收入、支出及其他一些相关工作。它作为财务信息的收集者和初级处理者，在企业经营活动中起着举足轻重的作用，它是会计财务信息的提供者，是会计工作不可或缺的组成部分。一个合格的出纳，对于提高整个会计部门的工作质量及工作效率，起着积极的作用。

提 示

出纳是一项“三分动手，七分动脑”的会计专业工作。“跑跑银行，记记账”作为动手的部分仅占三分，而那需要动脑的七分却常被人忽略。事实上，大量的工作差错、财务事故甚至违法案件，都出在那七分工作里，所以，做好出纳工作十分重要。

出纳人员的职责和权限

出纳人员有广义和狭义之分。狭义的出纳人员仅指会计部门的出纳人员；从广义上讲，出纳人员则既包括会计部门的出纳工作人员，也包括业务部门的各类收款员。对于一个出纳新人而言，在自己的职责和权限范围内，应该具备怎样的基本素养和基本职业技能，面对每天进进出出的货币资金应该如何管理等，都必须清楚了解。

提 示

收款员（收银员）的主要工作是办理货币资金和各种票据的收入，保证自己经手的货币资金和票据的安全与完整。他们也要填制和审核许多原始凭证，他们还直接与货币打交道，所以除了要有过硬的出纳业务知识以外，还必须具备良好的财经法纪素养和职业道德修养。

与专职出纳人员不同，他们一般工作在经济活动的第一线，各种票据和货币资金的收入，特别是货币资金的收入，通常是由他们转交给专职出纳的；另外，他们的工作过程是收入、保管、核对与上交，一般不专门设置账户进行核算。所以，可以说他们是会计机构的出纳派出人员，他们是各单位出纳队伍中的一员，是整个出纳工作的一部分。

一、出纳的职责

出纳是会计工作的重要环节，涉及的是现金收付、银行结算等活动，而这些又直接关系到职工个人、单位乃至国家的经济利益，出纳工作出了差错，就会造成不可挽回的损失。因此，明确出纳人员的职责和权限，是做好出纳工作的起码条件。《中华人民共和国会计法》(以下简称《会计法》)、《会计基础工作规范》等规范了出纳人员的相关职责：

(1)按照国家有关现金管理和银行结算制度的规定，办理现金收付和银行结算业务。出纳员应严格遵守现金开支范围，非现金结算范围不得用现金收付；遵守库存现金限额，超限额的现金按规定及时送存银行；现金管理要做到日清月结，账面余额与库存现金每日下班前应核对，发现问题，及时查对；银行存款账与银行对账单也要及时核对，如有不符，应立即通知银行调整。

(2)根据会计制度的规定，在办理现金和银行存款收付业务时，要严格审核有关原始凭证，再据以编制收付款凭证，然后根据编制的收付款凭证逐笔顺序登记现金日记账和银行存款日记账，并结出余额。

(3)按照国家外汇管理和结购汇制度的规定及有关批件，办理外汇出纳业务。外汇出纳业务是政策性很强的工作，随着改革开放的深入发展，国际间经济交往日益频繁，外汇出纳也越来越重要。出纳人员应熟悉国家外汇管理制度，及时办理结汇、购汇、付汇，避免出现外汇损失。

(4)掌握银行存款余额，不准签发空头支票，不准出租、出借银行账户为其他单位办理结算。这是出纳员必须遵守的一条纪律，也是防止经济犯罪、维护经济秩序的重要方面。出纳员应严格使用和管理支票和银行账户，从出纳这个岗位上堵塞结算漏洞。

(5)保管库存现金和各种有价证券(如国库券、债券、股票等)的安全与完整。要建立适合本单位情况的现金和有价证券保管责任制，如发生短缺，属于出纳员责任的要进行赔偿。

(6)保管有关印章、空白收据和空白支票。印章、空白票据的安全保管十分重要，在实际工作中，因丢失印章和空白票据给单位带来经济损失的不乏其例。对此，出纳员必须高度重视，建立严格的管理办法。通常，单位财务公章和出纳员名章要实行分管制，交由出纳员保管的出纳印章要严格按规定用途使用，各种票据要办理领用和注销手续。

提示

出纳不可不知的法规：

《中华人民共和国会计法》

《中华人民共和国税收征收管理法》

《中华人民共和国票据法》

《中华人民共和国现金管理暂行条例》

《支付结算办法》

《会计档案管理办法》

《会计基础工作规范》

《企业会计准则》

二、出纳的工作权限

根据《会计法》《会计基础工作规范》等财会法规，出纳员具有以下权限。

1. 维护财经纪律，执行财会制度，抵制不合法的收支和弄虚作假行为

《会计法》是我国会计工作的根本大法，是会计人员必须遵循的重要法律。《会计法》第三章第十六条、第十七条、第十八条和第十九条中对会计人员如何维护财经纪律提出了具体规定。这些规定，为出纳员实行会计监督、维护财经纪律提供了法律保障。出纳员应认真学习、领会、贯彻这些法规，充分发挥出纳工作的“关卡”、“前哨”作用，为维护财经纪律、抵制不正之风做出贡献。

2. 参与货币资金计划定额管理的权力

现金管理制度和银行结算制度是出纳员开展工作必须遵照执行

的法规，而执行这些法规，实际上是赋予了出纳员对货币资金管理的职权。例如：加强现金管理，要求各单位的库存现金必须限制在一定的范围内，多余的要按规定送存银行，这便为银行部门利用社会资金进行有计划放款提供了资金基础。因此，出纳工作不是简单的收付货币资金，不是无足轻重的点点钞票，其工作的意义只有和许多方面的工作联系起来才能深刻体会到。

3. 管好用好货币资金的权力

出纳工作每天和货币资金打交道，单位的一切货币资金往来都与出纳工作紧密相联，货币资金的来龙去脉、周转速度的快慢，出纳员都清清楚楚。因此，提出合理安排利用资金的意见和建议，及时提供货币资金的使用与周转信息，也是出纳员义不容辞的责任。出纳员应抛弃被动工作的观念，树立主动参与意识，把出纳工作放到整个会计工作、经济管理工作的大范围中，这样，既能增强出纳自身的职业光荣感，又为出纳工作开辟了新的视野。

小故事

小李写了一份比实际高出 7 000 元的收入证明，以办银行贷款需要为由，请保管印章的出纳小王私下加盖了公章。不久，小李因辞职与公司发生纠纷，便将这份收入证明提交法庭，要求赔偿其少发工资的损失，给公司造成了一定程度的影响。

从表面上看，只是出纳小王轻信他人所言，给公司造成了损失，但根源在于她漠视规章制度，如果小王能在人情面前仍严格执行规章制度，便不会给公司造成不必要的损失。

出纳人员的基本要求

做好出纳工作并不是一件容易的事，它要求出纳人员精通政策，拥有熟练高超的业务技能和严谨细致的工作作风。这就对出纳人员提出了基本的要求和规范，使其在工作岗位上有章可循、有律可依。那么，出纳人员到底要具备哪些素质呢？

一、政策水平

没有规矩，不成方圆。出纳工作涉及的“严规”很多，如《会计法》及各种会计制度、先进的管理制度及银行结算制度、《会计基础工作规范》、成本管理条例及费用报销额度、税收管理制度及发票管理办法，还有各单位特定的财务管理规定等。如果对这些法规、制度不熟悉、掌握不好，是绝对做不好出纳工作的。所以，要做好出纳工作的第一件大事就是学习、了解、掌握财经法规和制度，提高自己的政策水平。出纳人员只有掌握政策法规和制度，明白了自己哪些该干、哪些不该干，明白哪些该抵制，工作起来才会得心应手，才能避免犯错误。

小案例

(1)2004 年 3 月，一名财务公司的出纳员，因将存取款工作擅自交给他人办理，致使经办人先后贪污 500 000 元。该出纳被以失职罪定罪，幸因情节较轻，终被免予刑事处分。

(2)2005 年 6 月，北京某企业的一名出纳，因先后虚报、冒领工资 70 000 元，被以贪污罪判处有期徒刑 5 年。

(3)2006 年 8 月，湖北某企业的两名出纳，因将尚未入账的

36 580 元利息私分，以职务侵占罪分别被判处有期徒刑 3 年和 1 年 6 个月。

由以上案例可以看出，出纳人员在进行工作时担负着重要的职责，必须严格遵守国家的法规政策，做一名合格称职的出纳员。不能因一己私利而损害他人，最终害人害己。

二、业务技能

“台上一分钟，台下十年功”，这句话对出纳工作来说也是十分适用的。出纳工作需要很强的操作技巧，用电脑、填票据、点钞票等，都需要深厚的基本功。作为专职出纳人员，不但要具备处理一般会计事务的财会专业基本知识，还要具备较高的处理出纳事务的专业知识水平和较强的数字运算能力。出纳的数字运算往往在结算过程中进行，要按计算结果当场开出票据或收付现金，速度要快，又不能出错。这和事后的账目计算有着很大的区别，账目计算错了可以按规定方法更改，但钱算错了就不一定能“改”得过来。所以，出纳人员要有很强的数字运算能力，不管是使用计算机还是计算器，都要熟练掌握，既把握准确度，又把握效率。

提 示

出纳工作是一项技术活，很多技能都要懂，下面是一些总结：

点钞要快还要准

电脑盲打要过关

账目处理要仔细

会计知识需牢记

谨防假币假发票

三、工作作风

要做好出纳工作首先要热爱出纳工作，要有严谨细致的工作作风和职业习惯。作风的培养在成就事业方面至关重要，出纳每天和金钱打交道，稍有不慎就会造成意想不到的损失，出纳员必须养成与出纳职业相符合的工作作风。会计人员应当保守本单位的商业秘密，除法律规定和单位领导同意外，不能私自向外提供或泄露单位的会计信息。

提 示

出纳工作的心态要求十六字：

精力集中，有条不紊，严谨细致，沉着冷静。

精力集中就是工作起来就要全身心地投入，不为外界所干扰；

有条不紊就是计算器具摆放整齐，钱款票据存放有序，办公环境洁而不乱；

严谨细致就是认真仔细，做到收支计算准确无误，手续完备，不发生工作差错；

沉着冷静就是在复杂的环境中随机应变，化险为夷。

四、安全意识

现金、有价证券、票据、各种印鉴，既要有内部的保管分工，各负其责，并相互牵制；也要有对外的保安措施，从办公用房的建造，门、屉、柜的锁具配置，到保险柜密码的管理，都要符合安保的要求。出纳人员既要密切配合保安部门的工作，更要增强自身的安保意识，学习安保知识，把保护自身分管的公共财产物资的安全完整作为自己的首要任务来完成。

提 示

出纳三注意

管好自己，管好财物，管好门锁。

管好自己——闭上嘴巴，竖起耳朵，睁大眼睛。

闭上嘴巴，指避免言多必失，祸从口出；竖起耳朵，指的是不要觉得别人的事与自己无关；睁大眼睛，指的是注意观察与财务相关的业务往来情况，及早发现财务隐患。

管好财物——不能丢，不能脏，不能坏。

去洗手间之前，提前几秒钟，把桌上的物品先整理一下，把支票、现金、凭证、账本、票据、印章、证照等物件，通通锁起来。

管好门锁——随手关，离去锁。

出纳应当养成随手关门的习惯，无论什么时间，最后一个离开(即便是暂时离开)房间的人，都应当将房门锁好。千万不要心存侥幸，留下后患。

小故事

出纳小芳正在清点现金，经理让她到隔壁的办公室取票据。本以为很快就能回来，小芳便将钱放入抽屉，并没有加锁。大约6分钟后，小芳返回办公室，发现抽屉里的现金没了，附近也没有人。结果，小芳只能承担赔偿责任。所以，出纳必须时刻保持警觉，采取有效的防范措施，不可有丝毫的差错，不给人以可乘之机。

五、坚持原则

出纳员肩负着处理各种利益关系的重任，只有坚持原则，才能正确处理国家、集体与个人的利益关系。在工作中，人有时需要牺牲局部与个人利益以维护国家利益，有时需要为了维护法律、法规的尊严而去得罪同志和领导。也有一些出纳人员因坚持原则而遭打击报复，但坚持原则终究会得到社会的理解和支持，打击报复的人迟早会受到处罚。为了保障国家和集体的利益，保护社会主义公共财产，出纳人员在出纳工作中坚持原则，自觉抵制不正之风，是值得我们所有人提倡的。

提 示

出纳要坚持原则，保密意识也很重要。

若上市公司的出纳泄露了公司资金不足的信息，就有可能间接导致股价下跌；

若出纳将企业资金非常充裕的情况泄露给员工，可能导致员工对薪酬福利待遇不满，产生劳资纠纷；

若出纳将企业的财务状况部分泄露给亲友，可能会对出纳本人工作的稳定性造成干扰。

六、出纳的重要性

“经济越发展，会计越重要。”出纳工作是单位和企业会计工作的重要基础，是单位经济业务活动的第一道“关卡”，随着市场经济的不断发展，出纳工作变得越来越重要，其重要性体现在以下几个方面。

1. 基础环节

出纳人员担负着各单位会计核算的基础工作，只有做好出纳工作，才能为整个会计工作的良性发展提供必要的支持。资金的进入和付出，出纳工作都是源头。财务大检查，审计、监察、税收大检查，是查果询因。出纳工作做的是否仔细认真，会决定后续工作的开展情况，稍有不慎，就可能给企业带来损失。

2. 专业服务

出纳工作范围包括办理现金收付和银行的结算业务以及现金、票据、有价证券的保管，出纳人员只有拥有高度责任感、娴熟的技能和扎实的专业基础知识，才能避免给单位带来不必要的经济损失。每一张发票、每一项内容、每一个数据，出纳人员都必须熟知，即使会计审核过的凭证，出纳人员也要复核，然后实行收付，程序才算结束。出纳人员要重视和热爱本职工作，这样才能提供更加专业的服务。

3. 影响决策

出纳工作质量的好坏直接影响单位财会管理水平和单位经营决策。出纳是否能合理安排、调度资金，是否能及时准确地提供单位货币资金活动信息，是否能保证货币资金的安全与完整，这些都会对单位的会计核算和经营管理产生重要影响。要使会计工作规范化，出纳人员担负着极其重要的责任。

七、出纳员三字经

出纳员，很关键；静头脑，清杂念。
业务忙，莫慌乱；情绪好，态度谦。
取现金，当面点；高警惕，注安全。
收现金，点两遍；辨真假，免赔款。
支现金，先审单；内容全，要会签。
收单据，要规范；不合规，担风险。

账外账，别保管；违法纪，又罚款。
长短款，不用乱；平下心，细查点。
借贷方，要分清；清单据，查现款。
月凭证，要规整；张数明，金额清。
库现金，勤查点；不压库，不挪欠。
现金账，要记全；账款符，心坦然。

出纳做什么

出纳工作，是企业、机关、事业等单位的票据和货币资金、有价证券等的收付、保管、核算工作的总称。出纳工作有广义和狭义之分，狭义的出纳工作仅指各单位会计部门专设的出纳岗位或人员的各项工作；从广义上讲，只要是票据、货币资金和有价证券的收付、保管、核算都属于出纳工作，它既包括单位会计部门专设出纳机构的各项票据、货币资金、有价证券收付业务的处理、整理和保管，货币资金和有价证券的核算等各项工作，也包括各单位业务部门的货币资金收付、保管等方面的工作。

在这一章，你将会知道

◇ 出纳工作的特点是什么。

◇ 出纳工作的职能有哪些。

◇ 出纳的日常工作有哪些。

◇ 出纳工作的流程是怎样的。

出纳工作的特点

任何工作都有自身的特点和规律。出纳是会计工作的组成部分，具有一般会计工作的本质属性，但它又是一个专门的岗位，一项专门的技术。因此，它除了具有会计工作的共性外，还具有其自身的特点。

一、社会性

一个单位货币资金的收入与付出必须通过出纳工作来完成。此外，各种有价证券的经营以及其他金融业务的办理，更是离不开出纳人员的参与，而单位的这些经济活动是与整个社会的经济运转紧密联系的。只要这个单位发生经济活动，就必然要求出纳人员与之发生经济关系。例如：出纳人员要了解国家有关财会政策法规并参加这方面的学习和培训，出纳人员要经常跑银行等。可以说，出纳工作直接参与着经济活动过程，出纳人员一般工作在经济活动的第一线。因此，出纳工作具有普遍的社会性。

二、专业性

出纳是一个专门的岗位，又是一项专门的技术，有着专门的工作规则。从事出纳工作，除了要有扎实的会计专业基础知识，还要熟练掌握出纳工作的基本技能，例如：点钞技术，珠算操作，账、证、表的书写技能，点钞机、电子收款机、保险柜的使用以及电脑的运用等，这里有不少的学问。要做好出纳工作，一方面要求经过一定的职业教育，另一方面也需要在实践中不断积累经验，在工作中不断学习、积累经验，熟练掌握各项工作要领。

三、政策性

出纳人员分管的工作，政策性很强，出纳人员必须熟悉各种财经法纪和银行结算法规，并有很强的守法意识。其中，《中华人民共和国现金管理暂行条例》《支付结算办法》《中华人民共和国会计法》《会计基础工作规范》《会计人员职权条例》成本管理条例及费用报销制度、税收管理制度、发票管理办法以及本单位自己的财务管理规定等，都对出纳工作或提出具体规定，或具有指导意义。出纳人员必须不断学习，了解、掌握财经法规和制度，提高自己的政策水平，做个“好管家”。

四、时效性

出纳工作具有很强的时效性，何时核对银行的对账单，何时发放职工工资等都有严格的时间要求，不能延误。对于现金日记账和银行存款日记账，出纳要逐笔序时登记，做到日清月结。出纳人员心里应有个时间表，及时办理各项工作，这样才能保证工作质量，保证其他工作的顺利开展。

提 示

1. 好记性不如烂笔头

要把重要的事情及时写下来，不要单靠记忆力。出纳应当将与自己相关的工作，按照每项工作截止日期的先后顺序，全部编列在一个表格之内。制定月计划时，将这个计划月内应当实施的工作列入。开展日常工作时，每天都要检查计划的实施进度，防止延误。

2. 要关注媒体和公告

从工作角度讲，养成看新闻、读报纸的职业习惯，能够及时了解到与工作相关的信息，是非常必要的。同时也要养成到处观察是否有通知、通告公示的习惯。见到通知、通告，要立即阅读和记录，以免延误。

小故事

出纳小张接到一张银行退回的转账支票，原因是旧版支票已经不能继续使用。问过值班经理，小张才明白，银行早就提前发布了旧版支票使用的最后期限，是自己没有注意看大厅的公告栏才导致了这样的结果。

该事件是由于小张在去银行办理业务时，没有注意观察银行公告，所以没有进行必要的准备，以致支票被退回，有可能会引起收款单位的误解，给本单位的信誉造成损害，应当从中汲取教训。

出纳工作的职能

出纳工作是财会工作的一个重要组成部分，出纳的职能有很多。总地来讲，其职能可概括为收付、反映、监督、管理四个方面。

一、收付职能

出纳最基本的职能是收付职能。企业经营活动少不了货物价款的收付、往来款项的收付，也少不了各种有价证券以及金融业务往来的办理，这些业务往来的现金、票据和有价证券的收付和办理，以及银行存款收付业务的办理，都必须经过出纳人员之手。

二、反映职能

出纳的第二个主要职能就是反映职能。出纳工作要利用统一的货币计量单位，通过其特有的现金与银行存款日记账、有价证券的各种明细分类账，对本单位的货币资金和有价证券进行详细的记录与核算，以便为经济管理和投资决策提供完整的、系统的经济信息。

三、监督职能

出纳还具有监督职能。出纳不仅要对本单位的货币资金和有价证券进行详细的记录与核算，为经济管理和投资决策提供完整的、系统的经济信息，还要对企业的各种经济业务，特别是货币资金收付业务的合法性、合理性和有效性进行全过程的监督。

四、管理职能

出纳还有一个重要的职能，就是管理职能。对货币资金与有价证券进行保管，对银行存款和各种票据进行管理，对企业资金使用效益进行分析研究，为企业投资决策提供金融信息，甚至直接参与企业的方案评估、投资效益预测分析等也是出纳人员的职责所在。

小故事

出纳的各项职能应具体落实，对具体的事件能给出完整清晰的判断，这样才能保证出纳的工作落到实处，使其职能得到充分的发挥。一次，老板问出纳账上还有多少钱。出纳小李回答：一共有324 000元。但是，有185 720元的货款马上要付，还有一笔社保费19 450元要划账。现在能用的钱是118 830元。老板对出纳的回答很满意。该故事中，出纳小李既清晰地表达了账面数据，又使老板了解到能够动用的资金量，使其能作最终的决策。由于出纳想老板之所想，准确、周全地做出了回答，老板自然很满意。

出纳的日常工作

虽然各个单位的特点不同，其资金运动也各有其特殊性，但只要有货币资金的收付，就要有出纳。出纳工作的目的就是让单位的钱“来得清清楚楚，用得明明白白”，因此，出纳人员的工作内容也主要是以资金的流动为主。出纳的日常工作主要包括货币资金核算、往来结算、工资核算等三个方面的内容。

一、货币资金核算

1. 办理现金收付，审核审批有据

严格按照国家有关现金管理制度的规定，根据稽核人员审核签章的收付款凭证，进行复核，办理款项收付。对于重大的开支项目，必须经过会计主管人员、总会计师或单位领导审核签章，方可办理。收付款后，要在收付款凭证上签章，并加盖“收讫”、“付讫”戳记。

2. 办理银行结算，规范使用支票

严格控制签空白支票。如因特殊情况确需签发不填写金额的转账支票时，必须在支票上写明收款单位名称、款项用途、签发日期，规定限额和报销期限，并由领用支票人在专设登记簿上签章。逾期未用的空白支票应交给签发人。对于填写错误的支票，必须加盖“作废”戳记，与存根一并保存。支票遗失时要立即向银行办理挂失手续。不准将银行账户出租、出借给任何单位或个人办理结算。

3. 认真登记日记账，保证日清月结

根据已经办理完毕的收付款凭证，逐笔顺序登记现金和银行存款日记账，并结出余额。现金的账面余额要及时与银行对账单核对。月末要编制银行存款余额调节表，使账面余额与对账单上余额调节相符。对于未达账款，要及时查询。要随时掌握银行存款余额，不准签发空头支票。

4. 保管库存现金，保管有价证券

对于现金和各种有价证券，要确保其安全和完整无缺。库存现金不得超过银行核定的限额，超过部分要及时存入银行。不得以“白条”抵充现金，更不得任意挪用现金。如果发现库存现金有短缺或盈余，应查明原因，根据情况分别处理，不得私下取走或补足。如有短缺，要负赔偿责任。要保守保险柜密码，保管好钥匙，不得任意转交他人。

5. 保管有关印章，登记注销支票

出纳人员所管的印章必须妥善保管，严格按照规定用途使用。但签发支票的各种印章，不得全部交由出纳一人保管。对于空白收据和空白支票必须严格管理，专设登记簿登记，认真办理领用注销手续。

6. 复核收入凭证，办理销售结算

认真审查销售业务的有关凭证，严格按照销售合同和银行结算制度及时办理销售款项的结算，催收销售货款。发生销售纠纷，货款被拒付时，要通知有关部门及时处理。

提示

出纳与会计的区别：

会计和出纳好比医院的医生和护士，一个治病，一个养护；

会计管账，出纳管钱；

会计是事后处理账务，出纳是事前资金收付；

下面是一段绕口令：

出纳是会计，会计包含出纳；

出纳不是会计，会计也不是出纳；
出纳就是出纳，会计就是会计；
先有出纳，后有会计；
没有出纳，就没有会计。

二、往来结算

1. 办理往来结算，建立清算制度，办理其他往来款项的结算业务

现金结算业务的内容主要包括：企业与内部核算单位和职工之间的款项结算；企业与外部单位不能办理转账手续和个人之间的款项结算；低于结算起点的小额款项结算；根据规定可以用于其他方面的结算。

对购销业务以外的各种应收、暂付款项，要及时催收结算；应付、暂收款项，要抓紧清偿。对确实无法收回的应收账款和无法支付的应付账款，应查明原因，按照规定报经批准后处理。实行备用金制度的企业，要核定备用金定额，及时办理领用和报销手续，加强管理。对预借的差旅费，要督促及时办理报销手续，收回余额，不得拖欠，不准挪用。

建立其他往来款项清算手续制度。对购销业务以外的暂收、暂付、应收、应付、备用金等债权债务及往来款项，要建立清算手续制度，加强管理及时清算。

2. 核算其他往来款项，防止坏账损失

对购销业务以外的各项往来款项，要按照单位和个人分户设置明细账，根据审核后的记账凭证逐笔登记，并经常核对余额。年终要抄列清单，并向领导或有关部门报告。

小故事

一次，李老板想为公司招一位有经验的出纳，一位自称在两个公司做过5年出纳的小张前来应聘，李老板喜出望外，立即亲自面试。进行过简单的自我介绍外，李老板问了几个简单的出纳操作问题，小张回答得结结巴巴，李老板颇感困惑，忙问："你不是做过5年的出纳吗，那你都主要做什么呢?"，小张说道："我就是每天把各个门店的销售款收回来，存入银行。"李老板顿时颇感无奈，对于老板而言，出纳要做的很多，这只是其中的一项工作而已，而小张却以为出纳只是简单地存钱，最终结果可想而知。

其实，出纳的日常工作非常多，而且细节性很强，涉及范围极广，资金的核算、往来结算及工资的核算等都是出纳的职责。

三、工资核算

1. 执行工资计划，监督工资使用

根据批准的工资计划，会同劳动人事部门，严格按照规定掌握工资和奖金的支付，分析工资计划的执行情况。对于违反工资政策，滥发津贴、奖金的，要予以制止或向领导和有关部门报告。

2. 审核工资单据，发放工资奖金

根据实有职工人数、工资等级和工资标准，审核工资奖金计算表，办理代扣款项(包括计算个人所得税、住房基金、劳保基金、失业保险金等)，计算实发工资。按照车间和部门归类，编制工资、奖金汇总表，填制记账凭证，经审核后，会同有关人员提取现金，组织发放。发放的工资和奖金，必须由领款人签名或盖章。发放完毕后，要及时将工资和奖金计算表附在记账凭证后或单独装订成册，并注明记账凭证编号，妥善保管。

3. 负责工资核算，提供工资数据

按照工资总额的组成和支付工资的来源，进行明细核算。根据管理部门的要求，编制有关工资总额报表。

小案例

小赵用刚发的工资买空调时，商场说有假币。小赵刚从单位领完钱就直接去了商场，怎么可能会有假币呢？出纳觉得从银行取款后就直接发给了员工，也不可能会有假币？双方谁都认为自己是无辜的，谁也不愿意承担责任。

其实这个事件存在很大的漏洞，应当汲取教训：首先，出纳没有在银行提取现金现场进行复检；其次，出纳没有在发放工资现场提供验钞设备；再次，出纳将钱发给小赵时，没有请他现场使用验钞设备进行确认。如果出纳和小赵都能够按照正规程序进行交接，全面配合，就可以避免类似事件的发生。另外，如果能够通过银行代发工资，员工使用银行卡进行消费，也可以很好地避免类似问题的发生。

提示

银行代发工资一般程序

企业委托开户行代发员工工资业务，在实务操作中，各大商业银行既有区别又有共性，这里我们综合北京几家主要商业银行办理类似业务的共性部分，简单介绍流程如下。

第一步：签订协议。

委托单位与开户行就代发工资相关事宜签订委托代理协议。

第二步：开户。

委托单位应该按照现行银行实名制的要求提供职工姓名、身份证号码等相关代发清单资料，开户行根据清单办理批量开户手续。

第三步：资金划拨。

发放工资时，委托单位按照协议约定时间将代发工资资金足额划转到委托单位在开户行开立的指定账户，并向开户行提供书面代发工资明细清单。

第四步：履约上账。

开户行按照委托协议约定及委托单位提供的代发清单资料，按时将应发金额足额转入每位职工的储蓄账户。

第五步：客户取款。

工资上账后，委托单位的职工即可自由办理取款业务。

出纳的工作流程

出纳人员每天要处理大量的经济业务，协调各方面的经济利益关系，如何才能提高工作效率，保证工作质量呢？这就需要制定一个合理而有效的工作流程，使得出纳的工作有条不紊地执行，满足单位财务管理的需要。出纳人员办理资金收支业务有章可循，并按照规定的程序进行业务处理，才能保证出纳工作的质量和效率。

一、工作流程

(1)办理银行存款和现金领取。

(2)负责支票、汇票、发票、收据的管理。

(3)登记银行账和现金账，并负责保管财务章。

(4)负责报销差旅费的工作。

① 员工出差分借支和不可借支，若需要借支就必须填写借支单，然后交总经理审批签名，交由财务审核，确认无误后，由出纳发款。

② 员工出差回来后，据实填写支付证明单，并在支付证明单后面贴上收据或发票，先交由证明人签名，然后给总经理签名，进行实报实销，再经会计审核后，由出纳给予报销。

(5)员工工资的发放。

二、工作细则

1. 现金收付

(1)现金收付要当面点清金额，并注意钞票的真伪。若收到假币予以没收，由责任人负责。

(2)现金一经付清，应在原单据上加盖“现金付讫”章。多付或少付金额，由责任人负责。

(3)把每日收到的现金送到银行，不得“坐支”。

(4)每日做好日常的现金盘存工作，做到账实相符。做好现金结报单，防止现金亏损。下班后将现金与现金等价物交还总经理处。

(5)一般不办理大面额现金的支付业务，支付用转账或汇兑手续，特殊情况需审批。

(6)员工外出借款无论金额多少，都须总经理签字，批准并用借支单借款，若无批准借款，引起纠纷，由责任人自负。

2. 银行账处理

(1)登记银行日记账时先分清账户，避免张冠李戴。

(2)每日结出各账户存款余额，以便总经理及财务会计了解公司资金运作情况，调度资金。每日下班之前填制结报单。

(3)保管好各种空白支票，不得随意乱放。

(4)公司账务章平时由出纳保管，每日下班后将账务章交总经理处。

3. 报销审核

(1)在支付证明单上是否有经办人签字和证明人签字。若无，应补。

(2)附在支付证明单后的原始票据是否有涂改。若有，问明原因或不予报销。

(3)正规发票是否与收据混贴。若有，应分开贴。

(4)支付证明单上填写的项目是否超过3项。若超过，应重填。

(5)大、小写金额是否相符。若不相符，应更正重填。

(6)报销内容是否属合理的报销。若不属，应拒绝报销；有特殊原因的，应经审批。

(7)支付证明单上是否有总经理签字。若无，不予报销。

提示

对于收支业务频繁的大中型企业，为提高工作效率和便于资金安排，通常以每周为一个出纳工作周期。出纳周期流程大致如下。

星期一：各部门及结算单位报送付款申请或付款通知书。

星期二：领导审批付款申请或付款通知书后，财会部门通知付款。

星期三：财会部门审核付款单后安排付款。

星期四：根据审批单据，办理资金收付，登记出纳日记账。

星期五：根据出纳日记账，编制出纳报告。

小案例

出纳的一天：小李是某公司的出纳，其一天的工作是这样的。

上班后——检查，清点保险柜里存放的物品，是否齐全并完好；向上级请示当天的新增资金如何安排；根据时间编排当天工作计划。

工作中——办理各项收付业务；审核原始凭证，登记日记账，办理报批手续；处理其他业务。

下班前30分钟——查询银行账户资金，与银行存款核对；清点库存现金，与现金日记账核对；发生账款不符，立即查找原因，并做调整。

离开公司前——将所有凭证、账表等资料和重要物品存好；检查锁存物件是否完好；清理桌面，保持良好的办公环境。

出纳的凭证和账簿

了解了出纳总体的日常工作以后，还有必要再进行专业知识的学习。出纳人员必须严格按照规定，采用适当的处理办法，才能将财务工作的每一个环节都做好。出纳作为会计工作的重要组成部分，学好会计基础知识，并认真掌握各种凭证、账簿的登记方法，对于出纳工作非常重要，本章主要介绍这方面的知识。

在这一章，你将会知道

◇ 出纳需要掌握哪些会计基础知识。

◇ 出纳凭证有哪些。

◇ 出纳账簿是如何记录的。

会计基础知识

所谓会计，就是把经济业务统一以货币为计量单位，通过记账、报账等方式提供企业的财务信息和经营成果。简言之，就是把各类会计数据归纳整理，进而加工成有用的信息。简单的会计知识包括会计科目、会计账户和借贷记账法。

一、会计科目

1. 什么是会计科目

为了解资金的周转情况，例如流动比率、利润构成等，需要对会计要素进行细分，于是就产生了会计科目。也就是说，会计科目是对会计对象的具体内容进行分类核算的科目。设置会计科目是会计核算基本方法之一，它将各会计要素按具体构成内容进行分类，使其成为具体的会计核算项目；设置会计科目是编制会计凭证和设置会计账户的依据；设置会计科目也是编制会计报表、进行会计检查和分析的基础。

2. 会计科目如何分类

按反映的经济内容分类，会计科目可以分为五类：资产类、负债类、所有者权益类、成本类和损益类。按照提供指标的详细程度分类，会计科目可以分为总账科目、明细科目。总账科目又称一级科目，对会计对象的具体内容进行总括反映。明细科目又可分为二级明细科目和三级明细科目：二级明细科目通常又称子目，三级明细科目通常又称细目，它们都是对总账科目进一步详细分类的科目。

小案例

“应收账款”科目是一个总账科目，可以按客户下设“A 工厂”、“B 公司“等细目。又如“生产成本”是一个总账科目，下可设“基本生产”、“辅助生产”两个子目，“基本生产”子目下还可按产品品种、规格分设细目。

二、会计账户

1. 什么是会计账户

会计科目只是分类核算的项目或标志，设置会计科目以后，还必须根据规定的会计科目开设反映不同经济内容的会计账户，简称账户，以便于连续、系统地对各种经济业务的发生情况以及由此引起的各项资金变化分门别类地进行反映和监督。

2. 会计账户的结构

账户的结构是用来记录经济业务的具体格式，其基本结构通常划分为左、右两方，根据经济业务引起的资产、负债、所有者权益、收入、费用、利润在数量上的变化分别记录在两方，反映会计要素的增减变动和变动后的结果。账户左右记录的内容包括：期初余额、本期增加额、本期减少额和期末余额。如果将本期的期末余额转入下期，就是下期的期初余额。且四者的关系如下：

本期期末余额 = 期初余额 + 本期增加发生额 − 本期减少发生额

3. 会计账户的分类

按提供指标的详细程度分，账户有总分类账与明细分类账之分。明细分类账是总分类账的从属账户，一个总分类账所属的各明细分类账户余额总和应等于该总分类账户的余额。按经济内容分类，可以分为资产类、负债类、所有者权益类、成本费用类和损益类。按期末余额分类，可以分为借方余额账户，贷方余额账户和期末无余额账户。按用途和结构分类，还可分为盘存账户、结算账户、资本账户、调整账户、集合分配账户、成本计算账户等。出纳应该对本单位的全部账户设置情况做到心中有数，但出纳需要设置的账户很少，主要有"现金日记账"、"银行存款日记账"以及与"短期投资"、"长期债权投资"、"长期股权投资"有关的有价证券明细分类账。

提示

对于账户的结构，以资产类账户为例，其增加额记入借方，减少额记入贷方，期末余额一般在借方。其结构如下所示：

借方	贷方

资产类账户期末余额计算公式如下：

期末借方余额 = 期初借方余额 + 本期借方发生额合计数 - 本期贷方发生额合计数

三、借贷记账法

1. 什么是借贷记账法

记账方法有两类，一类是单式记账法，另一类是复式记账法。在单式记账法下，通常只登记现金和银行存款的收付业务，以及应收、应付款的结算业务，一般不登记实物的收付业务。所谓复式记账法，就是对于每一项经济业务所引起的资金运动，同时在相互联系的两个或两个以上的账户中，以相等的金额进行登记的一种记账法。复式记账法又包括借贷记账法、增减记账法和收付记账法等。其中，借贷记账法就是以"借"、"贷"作为记账符号的一种复式记账方法，"借"、"贷"是账户中的两个对立位置，账户左边为"借方"，右边为"贷方"。

2. 借贷记账法的原理是什么

借贷记账法的理论基础是"资产 = 负债 + 所有者权益"这一平衡原理。这个平衡公式是企业财务状况的表达方式，也是会计对象的公式化。在会计期间的任一时刻，这个公式可以变化为：资产 = 负债 + 所有者权益 +（收入 - 费用），收入 - 费用 = 利润。企业在结算时，利润经过分配，变化的公式又表现为：资产 = 负债 + 所有者权益。经济业务发生时，我们通过编制分录来反映账户间的对应关系。

3. 借贷记账法的记账规则是什么

形成借贷记账法下"有借必有贷，借贷必相等"的记账规则，根据这一记账规则，从而可以通过试算平衡公式进行账户的试算平衡，以检查各账户记录的正确性。每一笔分录借贷发生额应相等；一定会计期间所有账户借方发生额合计应等于贷方发生额合计；所有账户期末借方余额合计应等于期末贷方余额合计。

须注意的是：即使借贷方平衡，亦不能肯定记账无误，因为有些错误并不影响借贷双方平衡。

小案例

(1) 收到投资方追加投入的全新设备一台，经投资双方确认的价值为 400 000 元。

这笔经济业务，使资产方增加固定资产 400 000 元，同时使负债及所有者权益方增加实收资本 400 000 元。它表明企业增加的固定资产是由所有者投资形成的。发生这类业务，使资产与所有者权益同时等额增加，即会计等式左右两方同时等额增加，资产总额仍与负债及所有者权益总额相等。

(2)以银行存款归还短期借款200 000元。

这笔经济业务，使资产方减少银行存款200 000元，同时使负债及所有者权益方减少短期借款200 000元，它表明企业以一部分资产偿还了一部分债务。发生这类业务，使资产与负债同时等额减少，即会计等式左右两方同时等额减少，两方的总额仍保持平衡。

出纳凭证

出纳记账的依据是会计凭证，办理各项货币资金收付的依据亦是会计凭证，出纳人员不但要受理与审核(指出纳受理凭证的复核，不是主管费用报销人员的审核)各种会计凭证，还要填制大量会计凭证来明确经济责任和传递会计信息。所以，填制和复核会计凭证是出纳人员日常工作的重要组成部分。

一、会计凭证

1. 会计凭证是什么

会计凭证就是记录经济业务的发生和完成情况，明确经济责任，作为记账依据的书面证明。会计凭证必须如实地反映某一会计主体，即企业、事业、机关、团体单位的经济活动情况。为此，要在发生经济业务时填制或取得适当的凭证作为证明文件，以保证会计记录的客观性和真实可靠，并且有关经办人员和审核人员都要在凭证上签字，以明确责任。记账必须严格以会计凭证为依据，而一切会计凭证都应经过专人进行严格的审核，只有经过审核无误的凭证，才能作为记账的依据。

2. 会计凭证如何分类

会计凭证的种类很多，可以按照不同的标准予以分类。最基本的是按填制程序和用途分类，会计凭证可以分为原始凭证和记账凭证两大类。

小故事

(1)某公司领导外出不在，业务人员需要借出采购用款。为了不耽误采购，出纳就支付了款项。事后，那位业务人员留下了一份离职书，再也没有露面。出纳的好心间接地导致了公司损失。

(2)在北京工作的员工小张已离职回乡，让出纳将工资汇到自己在家乡的开户银行。出纳却因垫付了3.25元的银行手续费，在向公司报销时受到了上级的批评。

上述两个故事告诉我们，出纳办理的任何资金收付变动业务，都必须坚持以符合财务制度和收付审批程序的书面凭证作为实施依据。在实际工作中，常有上级口头通知出纳付款的情况。出纳要及时办理书面手续，防止产生事后纠纷。

二、原始凭证

1. 原始凭证的概念及分类

原始凭证是经济业务发生或完成的最初记录，是会计工作的起点。原始凭证也是在经济业务发生时，由经办人直接取得或填制，用以记载经济业务的内容，表明某项经济业务发生，明确经济责任，具有法律效力的一种凭证。它是记账凭证的原始依据，是重要的会计核算资料，它的作用主要是证明经济业务的实际发生。对于原始凭证，按其来源，可分为外来原始凭证和自制原始凭证；按其填制手续，可分为一次凭证和累计凭证；按其用途，可分为通知凭证、执行凭证和计算凭证；按其格式，可分为通用凭证和专用凭证。

经济业务的内容千差万别，因而用来记录经济业务的原始凭证的内容和格式也不尽相同。但不管如何，每种原始凭证都必须具备下列基本内容：

(1)原始凭证的名称；

(2)填制凭证的日期和凭证号码；

(3)接受凭证单位的名称，俗称抬头；

(4)经济业务的内容、数量、计量单位、单价和金额；

(5)填制凭证单位的名称及公章或专用章；

(6)经办人员的签名或盖章。

上述基本内容一般不得缺少，否则不能成为具有法律效力的原始凭证。此外，有些原始凭证还要根据管理和核算的需要增加内容，如计划指标数、合同号码等。

2. 原始凭证的填制和审核要求

填制原始凭证，要做到真实可靠、手续完备、内容完整、书写规范、填制及时、连续编号。审核原始凭证，主要看凭证是否合法、合规、合理，项目是否填写齐全、手续是否完备，填写是否正确。对记载不正确、不完整的原始凭证应予以退回，并要求按国家统一会计制度的规定更正、补充。

提 示

原始凭证填制要求

(1)真实可靠、手续齐全——必须实事求是地填写经济业务，原始凭证上填制日期、业务内容、数量、金额等必须与实际情况完全符合，确保凭证内容真实可靠。

(2)内容完整、书写规范——必须按规定的格式和内容逐行填写齐全，不得省略或漏填。

(3)填制及时、连续编号——在经济业务实际发生时，必须及时填制原始凭证，做到不拖延、不积压，按规定的程序及时将原始凭证送交会计部门。

原始凭证审核要求

(1)合法性审核——审核经济业务内容是否符合有关政

策、法令、制度、计划、预算和合同等规定，是否符合审批权限和手续，以及开支是否符合节约原则等。

(2)完整性审核——审核原始凭证的手续是否完备，应填写项目是否填写齐全，有关经办人员是否都已签名或盖章，主管人员是否审批同意等

(3)真实性审核——审核原始凭证的摘要和数字是否填写清楚、正确，数量、单价、金额的计算有无差错，大小写金额是否相符等。

三、记账凭证

1. 记账凭证的概念及分类

记账凭证是会计部门根据审核后的原始凭证汇总归类后整理的会计凭证，它是作为直接记账依据的会计凭证。出纳人员要能编制有关收付款记账凭证。填制记账凭证，通常叫“做传票”。作为出纳人员，必须熟悉记账凭证，特别是收款凭证和付款凭证的填制和复核方法，因为现金和银行存款收、付款记账凭证必须经过出纳人员审核。记账凭证是记账的直接依据，按其用途，可分为专用凭证和通用凭证，其中专用凭证又具体分为收款凭证、付款凭证和转账凭证；按其编制方式，记账凭证又可分为单式记账凭证和复式记账凭证。

2. 记账凭证的基本内容

记账凭证是用来确定会计分录的一种凭证，它应该便于记账，应具备以下基本内容：

(1)记账凭证的名称；

(2)凭证的填制日期和编号；

(3)经济业务的内容摘要；

(4)会计科目(包括明细科目)的名称、借贷方向和金额(即会

计分录)；

(5)所附原始凭证的张数；

(6)制证人员、记账、复核、会计主管的签名或盖章，收付款凭证还要有出纳人员的签名或盖章。

以自制的原始凭证或者原始凭证汇总表代替记账凭证的，也须具备记账凭证应有项目。

填制记账凭证，要做到凭证摘要简明扼要、经济业务记录明确、会计分录填写准确、附件数量完整、凭证顺序编号、填写内容齐全。审核记账凭证，主要是看与原始凭证是否一致，分录是否正确，应填写的项目是否齐全。

提 示

记账凭证的填制

(1)凭证摘要简明——填写时要用简练概括的文字反映经济业务的概况。

(2)业务记录明确——每张记账凭证只能反映一项经济业务或若干项同类经济业务。

(3)分录填写准确——必须根据经济业务的性质和会计科目，正确编制会计分录。

(4)附件数量完整——记账凭证后应附有原始凭证，并注明张数。

(5)凭证顺序编号——记账凭证应按业务发生顺序和不同种类的记账凭证连续编号。

(6)填写内容齐全——记账凭证中各内容应填写齐全，包括日期与有关责任人的签章。

(7)记账凭证更正——如果在填制记账凭证时发生错误，应当重新填制。

记账凭证的审核

(1)对原始凭证进行复核，要看原始凭证的张数、经济内容、金额是否与记账凭证一致。

(2)审核会计科目使用是否正确，账户对应关系是否清晰，应借、应贷的金额是否平衡，核算内容是否符合会计制度规定。

(3)记账凭证中应填写的项目是否填写齐全，有关人员是否签章。

小技巧

凭证的三种更正方法：

划线更正法——在错记的文字或者本组数字上划一条红色直线，在其上方用蓝色的字迹写明正确的内容，并加盖更正人的个人印章，以对错误进行纠正。

补充登记法——将少记的金额另行填写一张记账凭证进行补记，以对错误进行纠正。

红字更正法——用红色字迹另行填写记账凭证，将错误数据冲销，以对错误进行纠正，又称红字冲账法。

出纳账簿

会计凭证可以记录和反映每日发生的经济业务，但由于其数量多、资料分散，每张凭证只能记载个别经济业务，因此需要把会计凭证所记载的大量分散资料加以分类、整理，这就需要通过设置和登记会计账簿来实现。出纳要对账簿的设置及运作非常了解。

一、账簿的概念和分类

账簿是以会计凭证为依据，连续地、系统地、全面地、分类地记录和反映各项经济业务的内容，并由相互联系的专门格式的账页所组成的簿籍。登记账簿也是会计核算的重要环节。

账簿按用途划分，可以分为日记账、分类账和备查账。

(1) 日记账又称序时账，它是按经济业务发生的时间先后，逐日逐笔顺序登记的账簿。

(2) 分类账是对经济业务按总分类账户和明细分类账户进行分类登记的账簿。

(3) 备查账又叫辅助账簿，是对某些日记账和分类账中未能记载的事项或记载不全的经济业务信息进行补充登记的账簿。

账簿按外表形式的不同可分为订本账、活页账和卡片账。

(1) 订本账是在启用前进行顺序编号并固定装订成册的账簿。

(2) 活页账是把账页装订在账夹内，可以随时增添或取出账页的账簿。

(3) 卡片账是用专门格式、分散的卡片作为账页组成的账簿。

提 示

账簿如何选取？

任何单位要进行现金收付，都需要进行现金核算，应做到收付有记录，核查有手续。进行核算时对账簿也是有要求的。现金日记账要安全，必须选用“订本式”账簿，账页格式一般选用“三栏式”，即借方、贷方、余额。另外，银行存款日记账也需要采用“订本式”账簿，不过在账页格式上要增加“结算凭证”一栏，以便对账。

账簿注意事项：

——不能随便换

账本是法律凭据，不得随便更换。

账页的登记和结算发生错误，可以根据纠错规范进行更正，但不得将账页损毁。

——使用、保存

在账目登记年度内，账本由出纳使用和保存。

账目的登记年度结束，账本随其他凭证转会计人员做账后，归档保存。

——不可擅自销毁

现金日记账属于会计档案的组成部分，出纳不得擅自销毁。

对于会计档案的保存期限和销毁程序，法规已有规定，企事业单位也会作出具体规定。

二、出纳账簿的设置与登记

出纳主要设置和登记“现金日记账”、“银行存款日记账”和有关有价证券方面的一些明细分类账。出纳日记账是指出纳员用以记录和反映货币资金增减变动和结存情况的账簿，主要包括现金日记账和银行存款日记账两种。现金日记账是由出纳人员根据审核无误的现金收、付凭证和银行存款付款凭证，序时逐笔登记，用来反映现金的增减变动与结存情况的账簿。银行存款日记账是逐日、逐项记录一个单位银行存款收、支和结存情况的账簿。

在登记出纳日记账时，应遵循内容完备，数字真实、准确，字迹工整，摘要简洁，登记及时，不漏记、重记账目等原则。

具体来说，出纳日记账的登记要做到以下几点。

(1)根据复核无误的收付款凭证，并以经复核无误的收付款凭证及所附原始凭证作为登记出纳日记账的依据。

(2)所记账的内容必须同会计凭证相一致，不得随便增减。每一笔账都要记明记账凭证的日期、编号、摘要、金额和对应科目等。

(3)记账凭证登记完毕，出纳员要在凭证上签名或盖章，并将登记账页的页码数填入记账凭证内有关行次，表明此笔业务已经登记入账。

(4)每登满一账页，应在该账页最后一行加计本页发生额及余额，并在“摘要”栏内注明“过次页”；同时在下一页首行记入上页发生额及余额，在“摘要”栏内注明“承上页”。

(5)为了使账簿记录清晰，防止涂改，记账时要用蓝黑墨水或碳素墨水书写。红色墨水仅限于以下三种业务：①用红字冲正法冲正错误；②在多栏式账页登记转出(减少)数；③在余额未设方向标记的情况下，登记页数。

(6)登记账簿应按序进行，不得跳行、隔页。如不慎出现跳行、隔页时，应将空行用斜线注销或用“此行空白”字样注销；将空页用“×”符号注销或用“此页空白”字样注销。

(7)账簿中书写的文字和数据适当留空，不要写满格，书写文字应紧靠左线，书写数据应紧靠底线，保留大小一般应占空格宽度的1/2或2/3，空出行距上截约1/2的位置。

(8)日记账必须采用订本式账簿，不得以银行对账单或其他方法代替日记账。其账页不得以任何理由撕去，作废的账页也应留在账簿内。

(9)不得对账簿进行刮擦、挖补、涂改或用其他化学方式更改字迹，以防舞弊。

提 示

现金日记账通常由出纳员根据审核后盖有“现金收讫”、“现金付讫”的现金收款凭证、现金付款凭证，逐日逐笔按照顺序进行登记。借方栏一般根据现金收款凭证登记，贷方栏根据现金付款凭证登记。如表3－1所示。

表3－1 现金日记账

年		凭证		摘要	对方科目	借方	贷方	余额
月	日	字	号					
8	2	记		上月结余				100
	2	记	5	提取现金	银行存款	300		
	2	记	6	借差旅费	其他应收款		90	
	2	记	9	支付广告费	管理费用		70	
	2	记	15	出售废品	营业外收入	20		
	2		本日合计			320	160	260

注：如用收款、付款、转账凭证，凭证字号可用现收、现付第×号。

银行存款日记账通常由出纳人员根据审核后的银行存款收款凭证、银行存款付款凭证，逐日逐笔地进行顺序登记。银行存款日记账的借方栏一般根据银行存款收款凭证登记，贷方栏根据银行存款付款凭证登记。如表3－2所示。

表3-2 银行存款日记账

年		凭证		摘要	结算凭证		对方科目	借方	贷方	余额
月	日	字	号		种类	号数				
8	1	记		上月结余						5 000
	2	记	5	提取现金	现支	5 024	现金		200	4 800
	5	记	6	支付运费	转支	8 092	经营费用		160	4 640
	7	记	9	存入销货款			商品销售收入	4 000		8 640
	10	记	15	付写字台款	转支	8 093	低值易耗品		200	8 440

注：如用收款、付款、转账凭证，凭证字号可用现收、现付第×号。

小故事

一位新出纳在做账时遇到了一个问题：如果在一张记账凭证上登记几笔业务，现金日记账能不能按汇总的金额登记呢？于是他去问有经验的老出纳。老出纳员回答：在一张记账凭证上反映多笔业务是可以的，像费用类的报销，像住宿费、差旅费，或购买办公用品等。现金日记账可以按照这张凭证上的汇总数登记。但是，如果现金日记账是根据原始凭证逐笔登记的话，将会对日后收支信息的查找带来便利。所以，按照老出纳的建议，新出纳将原始凭证逐笔登记，虽然在前期的工作量会较大，但后期检索的效率就会高。

三、出纳的对账与结账

1. 如何进行对账

登完日记账后要进行对账，对账就是对账簿记录的内容加以检查和核对，它是会计核算的一项重要工作。出纳账簿主要是现金日记账和银行存款日记账，为保证这两种日记账记录的真实与准确，出纳人员在收、付货币资金之后，除了要及时记账，还要根据一定的程序及时对账，做到账证核对相符、账账核对相符、账实核对相符。

(1)账证核对，是指现金日记账、银行存款日记账的记录与有关收、付款的凭证进行核对。核对账簿的记录与原始凭证、收付款凭证的时间、凭证字号、内容、金额是否一致，记账方向是否相符。

(2)账账核对，是指现金日记账的余额应同“现金”总分类账户余额核对相符，银行存款日记账的余额应同总分类账中“银行存款”账户的余额核对相符。

(3)账实核对，包括：每天现金日记账的账面余额应同现金的实际库存数核对相符；月末，银行存款日记账的账面余额应同银行对账单核对。

2. 如何进行结账

结账是把一定时期(月、季、年)内发生的经济业务登记入账后，计算各种账簿的本期发生额和期末余额，并结转下期账簿的一种账务处理方式。为了给编制会计报表提供依据，应通过结账的方式计算出本期内现金和银行存款的收入总额、支出总额和期末余额。结账前，出纳员应查明本期内(包括当日、当月、当季和当年)所发生的所有款项收付是否都已取得原始凭证，是否都已编制收付款凭证并登记入账，对于在对账过程中发现的问题及时了结后才能结账。

3. 结账方式是怎样的

按时间的不同，主要分为月结，季结和年结，其结账方式如下：

(1)月结。办理月结，需在各账户的最后一笔记录下划一个通栏粗红线表示月业务结束，并结算出本月发生额和月末余额，标明“本月合计”，然后在最下面划通栏红线，表明月结完成。

(2)季结。办理季结，应在季末结算处记录本季发生额和季末余额，在摘要栏内写明“本季合计”和“本季发生额及余额”，并在其上下各划一道通栏红线。

(3)年结。办理年结，应在年末结算处记录本年发生额和年末余额，在摘要栏内写明“本年合计”和“本年发生额及余额”，并将年末借方余额引入下一行贷方栏内，注明“年末余额”和“结转下年”字样并加总借贷双方数额，在其下划两道通栏红线。

提 示

对账时账目不符的原因：

记录或计算错误——记账出现漏记；记账出现重记；银行对账单出现串户。

“未达账款”——期末银行估算凭证传递时间出现差异，造成银行与单位一方入账，而另一方尚未入账。

小故事

一公司的出纳人员自1999年2月至2002年10月间，先后以伪造银行对账单和银行印章、骗购大量空白支票等手段，侵占公司资金670 000元。2006年3月，该出纳人员被法院以职务侵占罪、挪用资金罪合并执行有期徒刑6年。从该事件中我们应当总结出，如果这家公司的会计监管及时有效，出纳对银行款项的对账认真负责，单位对银行印鉴严格保管，就不会导致这样一个结果。现今，随着网上银行业务的普及，出纳在对账过程中也需更加谨慎，防范类似事件的发生，同时会计完全可以根据银行实时提供的账户数据对出纳的工作进行监督，更加有效地发挥监管作用。

四、出纳的错账查找及更正

1. 如何查找错账

错账的查找方法按查找内容来划分，可分为普查法和抽查法。普查法是指当查找的重点很难确定，或者可能发生差错的地方很多时，将所有的账目全部进行核对，包括顺查法和逆查法。

(1)顺查法，按记账顺序从原始凭证开始逐步查到账户发生额及余额试算平衡表为止。

首先，核查记账凭证是否与所附原始凭证相符；

其次，将记账凭证、原始凭证及有关总分类账、明细分类账及日记账逐笔进行核对；

再次，检查账户发生额及余额试算表的抄写及结算是否正确。

(2)逆查法，按照记账的相反顺序，从账户发生额及余额试算平衡表查到原始凭证。

首先，核查账户发生额及余额试算平衡表中的数字和抄写是否正确；

其次，逐笔核对账簿记录与记账凭证是否相符；

再次，核查记账凭证与所附原始凭证是否相符。

(3)抽查法，指抽取账簿记录当中的某些部分进行局部检查的方法。当发现账簿记录有差错，出纳员可根据差错情况从账簿中抽查部分内容，而不必核对全部内容。

提 示

除上述方法外，在出纳错账的查找中，还经常使用偶合法。偶合法，即根据账簿记录差错中的规律，根据差错的情况来推测差错原因，进而查找差错的一种方法。这种方法主要用来查找带有规律性原因造成的差错。如出纳人员推测可能是漏记、重记的差错，可用“差数法”，即根据核对不相符的差额进行查找。

举例 ——除 2 法。

除 2 法可用于记反账的处理。记反账是在记账时把发生额的方向弄错，将借方发生额记入贷方，或者将贷方发生额记入借方。总账一方记反账，则在试算平衡时发现借贷双方不平衡，出现差额。若差额是偶数，能被 2 整除，所得的商数则在账簿上有记录，如果借方大于贷方，则说明将贷方错记为借方；反之，则说明将借方错记为贷方。

举例——除 9 法。

除 9 法是指以差数除以 9 来查找错数的方法。适用于以下三种情况：

(1)将数字写小。如将 400 写为 40，错误数字小于正确数字 9 倍。查找方法：以差数除以 9 后得出的商即为写错的数字，商乘以 10 即为正确的数字。本例中差数 360(即 400 - 40)除以 9，商 40 即为写错的数字，扩大 10 倍即可得出正确的数字 400。

(2)将数字写大。如将 60 写为 600，错误数字大于正确数字 9 倍。查找方法：以差数除以 9 后得出的商为正确的数字，商乘以 10 后所得的积为错误数字。本例中差数 540(即 600 - 60)除以 9 后，所得的商 60 为正确数字，60 乘以 10(即 600)为错误数字。

(3)邻数颠倒。如将 78 写为 87，将 96 写为 69，将 36 写为 63 等。查找方法：颠倒的两个数字之差最小为 1，最大为 8(即 9 - 1)，将差数除以 9，得出的商连续加 11，直到找出颠倒的数字为止。

五、如何进行错账更正

如果账簿记录出现了错误，要按规定的更正方法更正错误。由于错账发生的时间、性质及类型不同，其更正方法也不一样。常用的更正错账的方法有三种：划线更正法、红字更正法和补充登记法。

1. 划线更正法

在结账前，如果发现账簿记录有错误，而记账凭证无错误，纯属数字或文字上的笔误，可采用划线更正法。更正时，应将错误的数字或文字全部划掉，单红线表示注销，但应当使原有字迹仍可辩认，以备查考；然后将正确的数字用蓝字写在被注销数字或文字的上方，且由经办人在更正处盖章，以明确责任。

小案例

记账员进行记账凭证记账时，误将 2 467 元记为 2 647 元。更正时应将错误数字全部用红线划去，并将正确数字写在被注销数字的上方。

2. 红字更正法

用填制红字记账凭证(金额用红字)更正错误记录。该方法适用于两种情况：

(1)在记账后发现记账凭证和会计账簿记录的金额有误，所记金额比应记金额要大。更正方法是：将多记的金额用红字填制一张与原记账凭证会计科目相同的记账凭证，并在“摘要”栏注明“冲销×月×日××号凭证多记金额”字样，登记账户，更正错误。

小案例

业务人员预借差旅费，付给其现金 500 元。这项业务涉及“其他应收款”账户，借记“其他应收款”。但在填写记账凭证时，误将金额填为 600 元。

借：其他应收款　　600

　　贷：库存现金　　600

更正时，填制红字记账凭证，注销多记的100元：

借：库存现金　　100

　　贷：其他应收款　　100

(2)在根据收款凭证和付款凭证进行记账后，发现记账凭证和会计账簿所用会计科目或记账方向有错误，但记账凭证及账簿金额无错误。更正方法是：先填制一张内容与错误记账凭证完全相同但金额是红字的记账凭证，在摘要栏中注明“冲销×月×日×号凭证”字样，冲销原有错误记录，然后再用蓝字填制一张符合经济业务内容的正确的记账凭证，据此登记账簿。

3. 补充登记法

就是用填制补充的记账凭证来更正错误记录。这种方法适用于记账后发现记账凭证和会计账簿金额有误，且所记金额小于应记的正确金额。更正方法是：将少记的金额用蓝字填制一张与原记账凭证会计科目相同的记账凭证，并在摘要栏内注明“更正×月×日×号凭证”字样，并据此登账，更正错误。

小案例

业务人员预借差旅费，付给现金500元。在填写记账凭证时，误填为300元。

借：其他应收款　　300

　　贷：库存现金　　300

更正时，再填制一张记账凭证，补充少记的200元：

借：其他应收款　　200

　　贷：库存现金　　200

提 示

记账更正方法适用范围小总结，如表 3－3 所示。

表 3－3 记账更正法适用范围

种类	范围	
	时间	错误类型
划线更正法	结账前	记账凭证正确，过账错误
红字更正法	记账后	记账凭证错误，过账也错误
补充更正法	记账后	记账凭证和账簿所记金额小于应记金额

现金管理业务

现金是货币资金的重要组成部分，是企业流动性最强的一项资产，可立即用来购买所需物资，支付有关费用，偿还债务等。出纳的现金管理是其基本工作，在整个企业资产管理中，现金是较容易产生弊端的一个环节，因此需要加强现金管理。

在这一章，你将会知道

◇ 现金管理知识有哪些。

◇ 现金收款业务如何处理。

◇ 现金付款业务如何处理。

◇ 现金提取、送存有哪些注意事项。

现金管理知识

现金的概念有狭义和广义之分。狭义的现金是指企业的库存现金，一般是指存放在企业财务部门内的纸币、铸币，包括人民币现金和外币现金。广义的现金除库存现金外，还包括银行存款和其他货币资金。本章所介绍的现金是狭义现金，即库存现金。

一、现金结算

1. 现金结算的概念

结算是货币结算或货币清算的简称。它是指国民经济各部门、各企业、事业单位、机关、团体和其他单位，以及个人之间在进行商品交易、劳务供应、信贷存放、资金调拨等经济活动中产生的货币收付行为。其分类如下：

(1)按其是否使用现金，可分为现金结算和转账结算。现金结算是指利用现钞进行的货币收付行为，转账结算是通过银行或非银行金融机构将款项由付款人账户转到收款人账户的货币收付行为。

(2)按其是否通过银行办理，分为银行结算和非银行结算。银行结算包括通过银行办理的现金结算和通过银行办理的转账结算；非银行结算包括现金结算和通过非银行金融机构办理的转账结算。

(3)按收款人和付款人是否在同一城镇或同一规定区域，分为同城结算和异地结算。同城结算指收款人和付款人处于同一城镇或同一地区；异地结算是指收款人和付款人处于不同城镇或不同地区。

2. 现金结算的特点

现金结算是指收款人和付款人之间使用现金来进行结算的货币收付行为。现金结算主要有两种渠道：一种是付款人直接将现金支付给收款人；另一种是付款人委托银行和非银行金融机构或非金融机构如邮局将现金支付给收款人。

现金结算的特点如下：

(1)直接便利。在现金结算方式下，买卖双方一手交钱，一手交货，当面钱货两清，无须通过中介，因而对于买卖双方来说是最直接便利的，因而得到社会大众的接受。

(2)不安全。由于现金使用极为广泛和便利，因而便成为不法分子的犯罪目标，很容易被偷盗、贪污和挪用。在现实经济生活中，极大多数的经济犯罪活动都和现金有关。

(3)不易管理。由于现金结算大部分不通过银行，因而国家很难对其控制，不易管理。过多的现金结算会使流通中的现钞过多，易造成通货膨胀，增大对物价的压力。

(4)费用高。使用现金结算，各单位虽然可以减少银行的手续费，但其清点、运送、保管的费用也很大。对于整个国家来说，过多的现金结算会增大整个国家印制、保管、运送现金和回收废旧现钞的工作，浪费人力、物力和财力。

二、现金管理原则

1. 收付合法原则

收付合法原则，是指各单位在收付现金时必须符合国家的有关方针、政策和规章制度的规定。这里所说的合法有两层含义：一是现金的来源和使用必须合法；二是现金收付必须在合法的范围内进行。

2. 钱账分管原则

钱账分管原则，即管钱的不管账，管账的不管钱。它是指经管现金的出纳人员不得兼管收入、支出、债权债务账簿的登记工作、稽核工作和会计档案的保管工作；经营收入、支出、债权债务登记工作的会计人员，不得兼管出纳账登记工作、现金的收付工作和现金的保管工作。为保护现金的安全，会计工作岗位要有明确的分工，在财会部门内部建立相互制约和监督机制，便于相互核对账目，防止贪污盗窃和错账差款的发生。

3. 收付两清原则

为避免在现金收付过程中发生差错，防止收付发生长款、短款，现金收付时要做到复核，不论工作多忙、金额大小或对象熟生，出纳人员对收付的现金都要进行复核或由另外一名会计人员复核，切实做到现金收付不出差错；要做到收付款当面点清，对来财会部门取交现金的人员，要督促他们当面点清，如有差错当面解决，以保证收付两清。

4. 日清月结原则

日清月结是出纳员办理现金出纳工作的基本原则和要求，也是避免长款、短款的重要措施。所谓日清月结，就是出纳员办理现金出纳业务，必须做到按日清理，按月结账。对每天发生的现金收付业务，要记入现金日记账，结出每天的库存现金余额，并把账面现金余额与实际库存现金余额核对，保证账实相符。现金日记账每月至少结一次账，业务多的可十天或半月定期结一次账，并与其他有关账面核对，看账账是否相符。

提 示

按《中华人民共和国现金管理暂行条例》及实施细则的规定，开户单位对现金管理必须遵守“八不准”原则，具体如下：

(1)不准用不符合财务制度的凭证顶替库存现金。

(2)不准谎报用途套取现金。

(3)不准单位间相互借用现金，扰乱市场经济秩序。

(4)不准利用银行账户代其他单位和个人存入或支取现金，逃避国家金融监管。

(5)不准将单位收入的现金以个人储蓄名义存入银行。

(6)不准保留账外公款(即小金库)。

(7)不准发行变相货币；不准以任何内部票据代替人民币在社会上流通。

(8)不准坐支或者未按开户银行核定的坐支范围和限额坐支现金。

三、现金管理内容

现金管理有多方面的内容，只有加强现金管理才能防止舞弊行为的发生，有计划地调节货币供应量，保证资金的运用效率，以满足企业的经营发展需要。现金管理主要包括以下方面的内容。

1. 规定现金使用范围。

按照《中华人民共和国现金管理暂行条例》的规定，企业可以在下列范围内支付现金：

(1)支付给职工个人的工资、奖金津贴、个人劳务报酬。

(2)根据国家规定颁发给个人的科学技术、文化艺术、体育等各种奖金。

(3)各种劳保福利费用以及国家规定的对个人的其他支出，如退休金、抚恤金等。

(4)收购单位向个人收购农副产品和其他物资的价款。

(5)出差人员必须随身携带的差旅费。

(6)转账结算起点(目前为1 000元)以下的零星支出。

(7)中国人民银行确定需要现金支付的其他支出。

中国人民银行确定需要现金支付的其他支出，如因采购地点不确定、交通不便，抢险救灾以及其他特殊情况，办理转账结算不够方便，必须使用现金的支出。除上述(5)、(6)两项之外，各单位支付给个人的款项中每人每次不得超过本单位的限额，超过限额部分，可根据提款人的要求在指定的银行转为个人储蓄存款或以支票、银行本票支付。确需全额支付现金的，应经开户银行审查批准后予以支付。

在银行开户的个体工商户、农村承包经营户异地采购的货款应通过银行以转账方式进行结算。机关、团体、部队、全民所有制和集体所有制企业、事业单位购置国家规定的专项控制商品，必须采取转账结算方式，不得使用现金结算。

2. 核定库存现金限额

为满足企业日常零星开支的需要，同时尽量减少现金的使用，国家规定，由开户银行给各开户企业核定一个保留现金的最高额度，即库存现金限额。库存现金限额由开户银行根据企业的实际需要、距离银行的远近、交通是否方便等情况核定，一般以企业3～5天日常零星开支所需支出的现金确定。边远地区和交通不发达地区的库存现金限额可以超过5天，但最多不得超过15天日常零星开支需要量。日常零星开支需要量不包括企业每月发放工资和不定期差旅费等大额现金支出。一家单位在几家银行开户的，由一家开户银行为其核定库存现金限额；独立核算的附属单位，其限额可包括在其上一级的库存现金限额内。

提示

库存现金限额办理程序

(1)计算库存现金限额，公式如下。

库存现金限额

=月(或季)平均每天零星开支数额×限定天数月(或季)平均每天零星开支数额

=月(或季)平均现金支出总额÷月(或季)平均天数

月(或季)平均现金支出总额不包括定期性的大额现金支出和不定期的大额现金支出。

(2)填制"库存现金限额申请书"。申请单位填写"库存现金限额申请书"并加盖印章后，送主管部门签署意见并盖章，最后报送银行审核批准。

有时，因需要临时增加库存现金限额时，需填写"库存现金临时超限额申请"。格式为：

××银行××区办事处：

贵行核定我公司库存现金限额为2 500元，由于本公司今年外地客户订货量急剧下降，必须加强销售工作，并拟于天津、北京、深圳、广州、青岛、西安、昆明、桂林等8个城市召开订货会，需随时保证现款备用，故申请自×月×日至×月×日的10天内临时增加库存现金限额5 000元。

特此申请，请予核批。

××公司

2013年×月×日

四、现金内部控制

现金流动性最强，又便于携带，便于收付，是容易产生弊端的一个环节，因而在严格执行国家颁布的《中华人民共和国现金管理暂行条例》的同时，必须根据本单位具体情况建立现金的内部控制制度，主要包括现金收入和现金支出的内部控制。

1. 现金收款的内部控制

(1)现金收款凭证的签发与收款的职责要分开，一般由经办销售手续的人填制有关销售凭证(发票、单据)，出纳根据有关发票账单收款，会计人员负责记账。

(2)控制收据和发票的数量和编号。领用收据和发票必须登记领用数量和起讫编号，并由领用人签字，收据、发票的存根要收回，经收据、发票的保管人员签收后妥善保管，空白收据、发票要定期盘存，以防短缺。

(3)建立“收据销号”制度，确保收入款项及时入账。“收据销号”是指定期将收据的“存根联”和已入账的“收据联”按编号、金额逐张核对注销。

(4)所有现金收入都应填制收款收据。

(5)所有现金收入都必须当天入账。收入的现金都应在当日存入银行，如果当天无法送存银行，应于第二天上午送存银行。

2. 现金付款的内部控制

(1)按《中华人民共和国现金管理暂行条例》规定的范围使用现金。

(2)出纳、记账、采购工作应由专人负责，不得由一人兼任。

(3)支票的签发和款项的支付要由两人分别签章，互相监督。

(4)所有付款业务都必须取得原始凭证，原始凭证上必须由经办人签字证明，有关领导审核同意，会计人员审核签字后，出纳才能据此凭证付款，并加盖“现金付讫”或“银行付讫”章。

(5)存出的保证金、押金等应定期清理和核对。

现金收入业务处理

现金收入的处理程序是现金管理的重要组成部分，它是指现金收入过程中的处理步骤和规则，由于现金的顺序和来源不同，现金收入的处理程序也不一致：分为直接收款，从银行提取现金，收款员、营业员收款后交给出纳员三种情况。

一、现金收入方式

1. 直接收款

是指交款人直接持现金到出纳部门交款，出纳人员根据有关收款凭据办理收款事宜。收款的一般程序如下：

(1)受理收款业务，查看收款依据是否齐备。

(2)审核现金来源是否合理合法。

(3)当面清点现金，做到收付两清，一笔一清。

(4)开具收款凭据，并在收款凭据和收款依据上加盖“现金收讫”印鉴。

(5)根据收款收据记账联和收款依据，编制记账凭证。

(6)根据审核无误的记账凭证登记现金日记账。

2. 从银行提取现金

当单位需要现金时，可以按照有关规定到开户银行提取现金。取款的一般程序是：

(1)填写现金支票。单位需要提取现金时，一般由出纳人员填写现金支票到银行提取现金。现金支票的填写要求是：必须使用碳素墨水或蓝黑墨水钢笔填写，不能用蓝墨水，更不能用红墨水填写，填写现金支票时应按照支票排定的号码顺序填写。书写要认真，不能潦草。签发日期应填写实际出票日期，不能补填或预填日期。收款人名称填写应与预留印鉴名称保持一致；金额必须按规定填写，金额如有错误，不能更改，应作废重填；用途栏必须填写真实用途，不得弄虚作假；签章必须与银行预留印鉴相符；支票背面要有取款单位或取款人背书。

(2)向开户银行提交取款凭证。取款人持现金支票到开户银行后，向开户银行会计窗口递交现金支票，银行受理后，交给取款人领款对号单或号牌。

(3)取款人持领款对号单或号牌到银行出纳窗口领取现金。

(4)取款人收取现金后，应根据取款数额认真清点，确认无误后才能离开。

(5)取回现金后，取款人是出纳人员的，应及时将现金存入保险柜内；取款人不是出纳人员的，应将取回的现金交出纳人员存入保险柜，取款人与出纳人员要当面清点。

(6)编制记账凭证。出纳人员要根据现金支票存根或回单编制记账凭证。

(7)根据审核无误的记账凭证登记现金日记账。

3. 收款员、营业员收款后交出纳人员

在商品流通业、旅游饮食服务业单位，由于收款业务比较频繁，一般采取由营业员分散收款或由收款员集中收款，每日定时向出纳部门缴款。其现金收入的一般程序是：

(1)受理收款业务，查看收款依据是否齐备。

(2)确定应收金额。应收金额要根据收款依据来确定。

(3)根据应收金额收取现金。

(4)现金收取后要开出收款收据，并在收款收据上加盖“现金收讫”印鉴。

(5)根据收款收据编制记账凭证。

(6)根据记账凭证登记现金日记账。

二、现金收款的凭证

现金收款业务的原始凭证主要有：

发票——是指企业、事业单位在购销商品、提供和接受劳务以及从事其他经营活动时开具的收付款凭证。发票是一切企业、事业单位和个人销售商品、提供劳务以及其他业务活动取得收入时开具的合法凭证。

非经营性收据——指国家机关、事业单位等按规定收取咨询服务费用等时所开具的收款依据。非经营性收据由国家财政部门统一印制或加盖监制章。其形式如表4－1所示。

表4－1　××市统一收费票据

市××局

印章位置

交款单位或个人		收费证号								
收费项目名称	收费标准	金额								
		千	百	十	万	千	百	十	角	分
金额(大写)										

收费单位(印章)　　收款人(章)　　年　月　日

内部收据——一般适用于单位内部职能部门或与职工之间的现金往来及与外部单位和个人之间的非经营性现金往来。一般由单位根据自己的需要设计印制。其形式如表4－2所示。

表 4.2　内部收据格式

收款收据　　　　No.　045631

年　　月　　日

深圳熙立信印制电话：26629539十万位三联

今收到________________________________

交　来：________________________________

金额(大写) 拾 万 仟 佰 拾 元 角 分

¥____ □现金　□支票　□信用卡　□其它　收款单位(盖章)

①存根(白)②交对方(红)③交财务(黄)

核准　　会计　　记账　　出纳　　经手人

现金收款业务记账凭证：不同的单位，无论是企业、事业单位还是机关、团体、部队及其他单位，收到现金时，应按规定编制现金收款凭证，借方科目为“现金”，贷方科目则根据收入现金业务的性质和会计制度的规定来确定。

业务收入——如企业、事业单位的业务收入，机关、团体等的拨款收入等。

非业务收入——企业单位的投资收入、营业外收入，事业单位的其他收入等。

预收现金款项——如企业事业单位按照合同规定预收的定金等。

其他收入现金款项——其他事项引起的现金收入。

1. 业务收入现金记账凭证

因为业务收入而收到现金，并编制收款凭证时，贷方科目为“产品销售收入”科目。此外，由于实行增值税，贷方还包括“应交税金——应交增值税(销项税额)”科目。

小案例

A公司12月31日向外零售A产品10件，每件200元，计2 000元，增值税税率为17%，对方用现金支付。其会计分录为：

借：库存现金　　2 340

　　贷：主营业务收入　　2 000

　　　　应交税费——应交增值税(销项税额)　　340

2. 非业务收入现金记账凭证

非业务收入是指对外投资活动所取得的投资收入和企业的营业外收入。营业外收入是指企业发生的与企业生产经营无直接关系的各项收入，包括固定资产盘盈、罚款收入、对外索赔收入、确实无法支付的应收款项等。如果企业取得的营业外收入为现金收入，则贷方科目为营业外收入。

小案例

B公司12月31日收到职工李某因违反企业有关制度，按规定交纳的罚款400元，则应编制如下会计分录：

借：库存现金　　500

　　贷：营业外收入　　500

3. 预收现金款项记账凭证

预收账款是指对企业事业单位按照合同规定向购货或接受劳务单位或个人预收的货款、劳务服务款或定金。按照现行会计制度规定，收到的预收现金账款应通过“预收账款”科目进行；不设“预收账款”科目的企业，可以通过“应收账款”科目进行核算。

小案例

C企业4月12日收到某个人支付的购房定金30 000元，款项已收讫，则应编制现金收款记账凭证，其会计分录：

借：库存现金　　30 000

　　贷：预收账款　　30 000

4. 其他现金收款业务记账凭证

其他现金收款业务，主要是指各单位向有关单位和个人收取的不属于营业收入、非营业业务收入和预收账款的其他现金款项的业务。包括向有关单位和个人收取的各种罚款，向有关单位和个人收取的押金，向职工收回的各种代垫款项等。按照现行会计制度规定，这些一般都通过“其他应收款”、“其他应付款”科目进行核算。贷方科目一般为“其他应收款”。

小案例

D公司12月31日在现金清查中发现库存现金短缺60元，经查是出纳员工作失误造成，按规定应赔偿。在这种情况下会计分录为：

借：其他应收款——现金短款　　60

　　贷：库存现金　　60

三、现金收款错弊的查证

1. 对应通过银行转账结算的业务收取现金

可先审阅“现金日记账”收方记录金额，将超过限额的收款业务与据以登账的会计凭证进行核对，根据收款业务的具体内容判断是否违反规定。

2. 出纳员收到现金后未给付款方开具收据

可通过调查询问业务人员及其他有关人员来发现问题的线索，然后，结合该线索所涉及的经济活动及其会计反映进行追踪查证。

3. 出纳员以假复写的形式贪污收到的现金

应将会计部门的现金收据存根或记账联与交款人手中的收据或收据单位作原始凭证入账的收据进行核对，从而发现问题。问题查证后，应将赃款与罚款一并记入“其他应收款”账户，同时贷记“营业外收入”账户及有关账户。

4. 出纳员销毁现金收据或交款单进行贪污

查证人员在审阅会计资料和分析有关问题时，有时可发现被查单位收款次数和额度有异常反映。在核对检查现金收据存根或交款单的编号时，有时可发现不连续。以此为线索，可调查询问出纳员、交款员及其他有关人员查证问题。

提示

开具现金收款原始凭证需注意：

(1)正确选用凭据——不得用收款收据或非经营性收据代替发票，以逃避税务。

(2)如实填开凭据——应按照经济业务如实填开，不得任意改变收款凭证内容。

(3)保留原件——若发生填开错误，应将凭证保留在发票上，不能将错误凭证撕掉。

现金支出业务处理

现金支出业务是指各单位在其生产经营和非生产经营业务中向外支付现金的业务。它包括各企业、事业单位和机关、团体、部队向外购买货物、接受劳务而支付现金，向其他单位支付现金押金，向本单位职工发放工资，向本单位职工预借差旅费及其报销业务等。

一、现金支出程序

出纳人员在办理现金支出时，主要依据发票、非经营性收据、内部结算工资表及借款审批单等，出纳员在仔细复核各原始凭证后，要依程序办理现金支出事宜，具体程序如下：

(1)受理支出业务——出纳员在收到现金付款凭证后，要按规定进行详细审核，受理现金付款业务。

(2)确定应收金额——应收金额要根据收款依据来确定，应提前准备好充足现金用以日常的支付，对未能全额支付的，应约好时间一次性付清。

(3)支付现金——出纳人员在确认单据无误后，应进行复点，并由收款人当面点清。

(4)盖章——经复核无误且付款完毕后，在原始凭证上加盖“现金付讫”印章，并编制记账凭证。

(5)日记账——根据审核后的记账凭证登记现金日记账。

二、现金支出的凭证

现金支出业务原始凭证可分为外来原始凭证和自制原始凭证。外来原始凭证主要是由于向外购买货物或接受劳务、服务而由供货方或提供劳务方填开的原始凭证。自制原始凭证是本单位在发生现金付款业务时由本单位统一制作并填开的原始凭证。这里介绍下各单位常见的几种现金支出业务自制原始凭证。

1. 借款单

借款单一般适用于单位内部所属机构为购买零星办公用品或职工因公出差等原因向出纳员借款时使用的借款原始凭证。

2. 工资表

工资表是各单位按月向职工支付工资的原始凭证。

3. 报销单

报销单是各单位内部有关人员为单位购买零星物品，接受外单位或个人劳务或服务而办理报销业务，以及单位职工向单位办理托补费、医疗费、小儿统筹医药费报销等使用的单据。表 4 – 3 为某单位药费报销单。

表 4 –3　职工医药报销单

	姓名	单据数量	金额	备注
实报金额：				
大写金额				

报销专用章：　　　　　　审核：　　　　　　领款人

4. 差旅费报销单

差旅费报销单是各单位出差人员根据车票、飞机票、住宿发票等外来原始凭证填制的用来报销差旅费和出差补贴费的原始凭证。

现金支出业务记账凭证：对于现金支出的记账凭证，其贷方科目为现金，其借方科目则取决于业务的性质和会计制度的规定。

例：某单位办公室用现金购买办公用品 300 元，则有关人员根据原始凭证，即收款方开具的购货发票，作现金付款凭证，贷方科目为“库存现金”，借方科目则为“管理费用——公司经费”，其记账凭证如表 4 –4 所示。

表 4 –4 付款凭证

年 月 日　　　　付款凭证

摘要	货方科目		金额										记账符号
	总账科目	明细科目	千	百	十	万	千	百	十	元	角	分	
购买办公用品	管理费	公司经费					¥	3	0	0	0	0	
	合计金额						¥	3	0	0	0	0	

三、现金支出错弊的查证

1. 对应通过银行转账结算的业务付以现金

它是与上述“对应通过转账结算的业务而收以现金”的问题相对应的。可先审阅“现金日记账”付方记录金额，将超过 1 000 元，尤其是大幅度超过此限额的付款业务与会计凭证进行核对，根据付款业务的具体内容判断是否违反使用范围。对于查证的此问题本身一般不作账务调整。

2. 在根据原始凭证汇总编制现金支出凭证时，多汇总以贪污现金

如费用报销凭证上的金额合计为 237 元，而在付款凭证上却写成 732 元，并据此登记有关账簿。对此应着重分析判断是否为故意多汇总，因为这样容易在账账相符，而只是证证不符的情况下贪污差额款。

此类问题查证后，应针对问题的具体情况作出调整。如对上述将 237 元汇总成 732 元的多汇总费用、贪污公款的问题，应作如下调整：

借：其他应收款——贪污人员　　495
　　贷：管理费用（或有关费用账户）　　495

3. 以现金做不合法的支出，如提供“好处费”

对此类问题，可先审阅“现金日记账”付方记录内容。如金额较大，摘要中的业务内容模糊不清，再调阅会计凭证，通过账证核对查证问题。如果会计凭证中的内容也不清楚，则还应调查询问开具发票、收据等原始凭证或编制付款凭证的单位或人员来进一步查证问题。一般情况下，对原账务处理不作账务调整。

4. 伪造、涂改凭证以进行贪污

如涂改现金支出原始凭证中的金额或其他内容进行多报费用，伪造职工加班加点记录虚支现金等。对此类问题，一般需在审阅会计凭证时发现线索或疑点，然后调查分析有关情况。同时，可对会计凭证中的有关记录进行技术鉴定来查证问题。查证后，以贪污公款的性质作相应账务处理。

5. 虚报、重复报销、冒领等

如会计人员在没有原始凭证的情况下编制付款凭证并据以入账；有关人员替他人冒领工资、奖金；将某发票或收据重复报销等。对这些问题，有的可以在“现金日记账”或其他有关账簿中发现问题的疑点，然后再核对账证、证证查证问题。一般情况下，在审阅、校对会计凭证中，若发现记账凭证未附原始凭证或记账凭证与原始凭证不相符的问题，可以此为线索或疑点，结合调查、分析等方法来查证问题。查证后，应根据其具体形态作出调整。对于重复报销的问题，可以借记“其他应收款”（重复报销人）账户，贷记有关费用账户或其他账户；对于冒领，一般不作账务调整。

四、现金的提取和送存

1. 现金的提取

各单位必须在银行规定的现金使用范围内提取现金，一般由出纳员填写现金支票到银行提取现金。

现金支票填写要求：

(1)必须使用钢笔、碳素墨水或蓝黑墨水按支票号码顺序填写，书写要认真，不能潦草，也不能用蓝墨水，更不能用红墨水填写。

(2)签发日期应填写实际出票日期，不得补填或预填日期；收款人名称填写应与预留印鉴名称保持一致。

(3)大小写金额必须按规定书写，如有错误，不得更改，须作废重填。

(4)用途栏应填清真实用途，签章不能缺漏，必须与银行预留印鉴相符。

(5)支票背面要由取款单位或取款人背书(即签章)，并核对无误后送交给银行结算柜，然后银行发牌作为取款对号的证明，到出纳柜对号取款。

2. 现金的送存

各单位必须按开户银行核定的库存限额保管、使用现金，收取的现金和超出库存限额的现金，应及时送存银行。

现金送存的一般程序是：

(1)首先由出纳人员清点票币，将同面额的纸币摆放在一起，按每一百张为一把整理好，不够整把的，从大额到小额顺放。

(2)将同额硬币放在一起，壹元、伍角、壹角硬币，按每伍拾枚用纸卷成一卷，分币按一百枚用纸卷成一卷，不足一卷的一般不送存银行，留作找零用。

(3)款项清点整齐核对无误后，由出纳人员填写现金进账单存入银行。

提示

提现注意事项

密码管理——密码单独记载、分别保存；办理手续时，将密码填入现金支票的密码区。

办理提现时——对关注或者接近自己的人员加以防范。

离开银行时——将现金装入牢固的包袋内，并对银行外界的安全状况进行确认，必要时，请求银行工作人员协助离开。

大额提现——应事先向所在单位提出安全出行措施请求，或向所在地公安机关提出护送请求。

小故事

新出纳小张常问：会计和出纳，到底该由谁去银行存取款呢？

有人说，银行的业务就是由出纳负责的，应由出纳去办理，会计是不与钱发生直接关系的；也有人说，会计要做好监督的工作，应由会计亲自去办理；还有人说，谁办都可以。

其实，去银行办理提取现金、存入支票和购买银行空白凭证等工作，是出纳的本职工作，会计是不负责这些工作的。但是在实际工作中，涉及提现金额较大的，一般应由本单位一名同事全程陪同去办理业务，以防范风险。

银行存款结算业务

各单位在日常经营活动中，由于商品交易、劳务供应量等会引起各种资金收付行为，除了按国家现金管理规定可以使用现金外，其余都必须通过银行办理转账结算，所以各单位必须加强银行转账结算业务的管理。本章从银行账户、银行结算业务的管理、银行票据结算方式等方面介绍银行的转账结算业务。

在这一章，你将会知道

◇ 什么是银行账户管理。

◇ 银行结算管理是怎样的。

◇ 银行票据结算方式有哪些。

银行账户管理

银行存款是企业存放在银行的货币资金，从广义上讲包括银行结算户存款和其他货币资金，本章介绍的银行存款是指银行结算户存款，即企业在当地银行开立的，用以办理流动资金的存款、取款和转账结算的账款。

一、银行账户的概念及分类

1. 银行账户的概念

银行账户又称“银行存款账户”，是机关、团体、企业、事业单位、个人等在中国境内银行或非金融机构开立的各种存款、贷款及往来账户的总称。它是银行为国民经济各部门、各企事业单位、个体经营者办理资金收付等各项业务进行记录和反映所设置的一种簿籍。通过银行账户，可以对社会经济生活进行反映、调节、监督和管理。在中国，国家机关、团体、部队、学校和企事业单位，均须在银行开立账户，通过银行账户办理信贷、结算和现金存取业务。

2. 银行账户的分类

各单位在经济活动中，除了按国家现金管理规定可以使用的现金外，都必须通过银行办理转账结算。因此，每个单位都必须到当地银行或其他金融机构开设银行存款账户。这些存款账户的分类主要有基本存款账户、一般存款账户、临时存款账户和专用存款账户。

(1)基本存款账户——存款人办理日常转账结算和现金收付的账户，存款人的工资、奖金等的支取只能通过本账户办理。

(2)一般存款账户——是存款人因借款或其他结算需要，在基本存款账户开户银行以外的银行营业机构开立的银行结算账户。存款人可以通过本账户办理现金的缴存和转账结算，但不能办理现金的支取。

(3)临时存款账户——存款人因临时经营需要而开立的账户，可通过本账户办理转账结算和现金收付的业务。

(4)专用存款账户——存款人因特定用途需要而开立的账户，如基本建设资金存款、更新改造资金存款等。

小故事

出纳小赵开好了一张现金支票，交给银行的柜员，却被告知小赵所在单位在银行开的是一般账户，不能提取现金，需要去基本存款账户办理。小赵觉得很奇怪，都是银行，为什么不能在这里取现金呢?

在该事件中有两个问题：一是现金支票的开户银行显然与她所在单位的一般账户不属于同一家银行，她去错了地方；二是她对于银行基本账户和一般账户的区别不够了解，如果是在日常工作中，可以简单地记住：提取现金只能在基本存款账户。

二、银行存款账户的开立

知道了银行存款账户的概念和分类后，还需要了解各类账户的开立条件和程序。根据账户分类的不同，其账户开立程序如下。

1. 基本存款账户

(1)开户条件。

企业和个体工商户要有当地工商行政管理部门核发的《企业法人执照》或《营业执照》正本；

机关、事业单位要有中央或地方编制委员会、人事、民政等部门的批文；

个人开户要有居民身份证和户口簿。

依上述证件为凭，经公安部门批准刻制与营业执照或文件中名称完全相同的公章与财务章。还要具备企业法人名章、财务主管人员名章，以及跑银行财务人员名章。

(2)除个体工商户外，所有企业、单位要向当地计量部门办理代码证。有的地方还要求向当地税务部门领取税务证。持上述证件向银行申请开户，填写开户申请书(或申请表)。

(3)持开户行签注的“同意在我行(社)开户”的申请书(或申请表)与印章、营业执照正本或文件、代码证、税务证等，到当地人民银行领取《开户许可证》。

(4)将《开户许可证》副本送交开户银行，银行据此立户，并按银行要求在备查印鉴卡上预留印鉴。

(5)向开户银行购买一定数量的转账支票与现金支票，并按银行要求，在开立的账户内转入或存入一定数量的资金，以备使用。

2. 一般存款账户

对于一般存款账户、临时存款账户、专用存款账户的开立程序较基本存款账户简单。中国人民银行不强调当地人民银行分支机构核发《开户许可证》，只要求各开户银行自行审查，在开户和撤销之日起7日内向当地人民银行分支机构申报即可。具体如下：

(1)申请开户对象。

① 在基本存款账户以外的银行取得借款的存款人；

② 与基本存款户的存款人不在同一地点的附属非独立核算单位。

(2)申请人需提交的证明文件(需出具下列证明文件之一)。

① 借款合同或借款借据；

② 基本存款账户的存款人同意其附属的非独立核算单位开户的证明。

3. 临时存款账户

(1)申请开户对象。

① 外地临时机构；

② 临时经营活动需要。

(2)申请人需提交的证明文件(需出具下列证明文件之一)。

① 当地工商行政管理机关核发的临时执照；

② 当地有权部门同意设立外来临时机构的批件。

4. 专用存款账户

(1)申请开户对象。

① 基本建设的资金；

② 更新改造的资金；

③ 特定用途，需要专户管理的资金。

(2)申请人需提交的证明文件(需出具下列证明文件之一)。

① 经有权部门批准立项的文件；

② 国家有关文件的规定。

三、银行存款账户的管理

银行账户管理需遵守基本原则，根据《银行账户管理办法》的规定具体有以下原则。

1. 一个基本账户原则

即存款人只能在银行开立一个基本存款账户，不能多头开立基本存款账户。存款人在银行开立基本存款账户，实行由中国人民银行当地分支机构核发开户许可制度。

2. 自愿选择原则

即存款人可以自主选择银行开立账户，银行也可以自愿选择存款人开立账户。任何单位和个人不得强制干预存款人和银行开立或使用账户。

3. 存款保密原则

即银行必须依法为存款人保密，维护存款人资金的自主支配权。除国家法律规定和国务院授权中国人民银行总行的监督项目外，银行不代任何单位和个人查询、冻结、扣划存款人账户内存款。

4. 不垫款原则

即银行在办理结算时只负责办理结算双方单位的资金转移，不为任何单位垫付资金。

银行也要完善其内部控制制度，主要有以下几方面：

(1)完善授权和审批制度。单位主管人员和财务主管人员需对将发生的银行存款收付业务进行审批，并授权具体人员经办。

(2)完善记录和审批制度。出纳人员根据审批无误的银行存款收付业务的原始凭证，办理银行存款结算业务，并需要在原始凭证和结算凭证上加盖“收讫”、“付讫”戳记，会计人员根据审核无误的原始凭证编制记账凭证，出纳人员据此登记银行存款日记账。

(3)完善内部监督制度。为了保障银行存款的安全，在银行存款管理中不相容的职务应由不同的人来担任，以确保独立性和互相监督原则。如银行存款收付业务的经办人应与授权、审查记账人员相分离，票据的保管要与印章保管和票据签发职务相分离。

提 示

新公司开户

经常有人问：新公司怎样在银行开户呢？其实非常简单，首先，新公司要先开立一个基本账户，然后可以根据自己业务的需要，在任何银行再开立一般账户。只要开户公司的手续齐备，就可以到开户银行提出开立基本账户的申请。不过在现实环境下，由于可选择的银行很多，一定要事先考虑到将来去银行办理存取款的便利性问题，以减少成本。

不开一般账户可以吗?

老板让出纳到银行开一个基本账户，但不必再开一般账户。出纳不知道这样开户是否可以?其实，根据银行对公账户的功能，只开立基本账户也可以满足开户单位资金使用的需求，但是，如果开户单位在以后有不同地点的经常性收付业务，也可以在就近的银行开立一个一般账户，以提高银行结算业务的效率。

银行结算管理

银行结算是一个复杂的程序，有一定的原则和要求，需要掌握、了解其概念和分类情况，并熟悉常见的几种票据的结算方式，作为出纳员，在面对银行结算业务时，这些都是需要学习的，下面我们来详细介绍。

一、银行结算的概念和分类

银行结算是指通过银行账户的资金转移实现收付的行为，即银行接受客户委托代收代付资金，从付款单位存款账户划出款项，转入收款单位存款账户，以此来完成经济业务之间债权债务的清算或资金的调拨。银行结算是商品交换的媒介，是社会经济活动中清算资金的中介。银行结算方式主要有银行汇票、商业汇票、银行本票、支票、汇兑、委托收款、托收承付、信用卡、信用证等。

银行结算方式的分类：根据银行结算的不同方式，可以分为以下几种。

1. 银行汇票

银行汇票是汇款人将款项交存当地出票银行，由出票银行签发，由其在见票时，按照实际结算金额无条件支付给收款人或持票人的票据。

特点：使用灵活、票随人到、兑现性强；适用于先收款后发货或钱货两清的商品交易；单位和个人各种款项结算，均可使用银行汇票；付款期限为自出票日起 1 个月内；收款人可以将银行汇票背书转让给他人。

2. 银行本票

银行本票是银行签发的，承诺自己在见票时无条件支付确定的金额给收款人或者持票人的票据。银行本票由银行签发并保证兑付，而且见票即付。

特点：信誉高，支付功能强；有定额本票和不定额本票；付款期限为自出票日起最长不超过 2 个月；可以根据需要在票据交换区域内背书转让。

3. 商业汇票

商业汇票是出票人签发的，委托付款人在指定日期无条件支付确定的金额给收款人或者持票人的票据。在银行开立存款账户的法人及其他组织之间须具有真实的交易关系或债权债务关系的，才能使用商业汇票。

特点：付款期限由交易双方商定，最长不得超过 6 个月；提示付款期限自汇票到期日起 10 日内；可以由付款人签发并承兑，也可经由收款人签发交由付款人承兑且都可背书转让。

4. 支票

支票是单位或个人签发的，委托办理支票存款业务的银行在见票时无条件支付确定的金额给收款人或者持票人的票据。支票结算方式是同城结算中应用比较广泛的一种结算方式。

特点：应用广泛，单位和个人的同一票据交换区域的各种款项结算，均可以使用支票；现金支票只能用于支取现金；转账支票只能用于转账；普通支票既可以用于支取现金，也可以用于转账；支票的提示付款期限为自出票日起 10 日，中国人民银行另有规定的除外。

5. 信用卡

信用卡是指商业银行向个人和单位发行的，凭以向特约单位购物、消费和向银行存取现金，且具有消费信用的特制载体卡片。

特点：按使用对象分为单位卡和个人卡；按信誉等级分为金卡和普通卡；在规定的限额和期限内允许善意透支。透支期限最长为 60 天。

6. 汇兑

汇兑是汇款人委托银行将其款项支付给收款人的结算方式。汇兑结算方式适用于异地之间的各种款项结算。

7. 委托收款

委托收款是收款人委托银行向付款人收取款项的结算方式。无论单位还是个人都可收取同城和异地的款项，主要分为邮寄和电报两种。

8. 异地托收承付

异地托收承付是根据购销合同由收款人发货后委托银行向异地付款人收取款项，由付款人向银行承诺付款的结算方式。

特点：必须是国有企业、供销合作社以及经营管理较好，并经开户银行审查同意的城乡集体所有制工业企业；分为邮寄和电报两种，它结算的每笔金额起点为10 000元。购销双方必须签有符合《经济合同法》的购销合同，并在合同上订明使用托收承付结算方式。

9. 信用证

信用证结算方式是国际结算的一种主要方式。采用信用证结算方式的，收款单位收到信用证后，即备货装运，签发有关发票账单，连同运输单据和信用证，送交银行，根据退还的信用证等有关凭证编制收款凭证；付款单位在接到开证行的通知时，根据付款的有关单据编制付款凭证。

小故事

出纳员小李将一张还没有填写收款人和日期的42 300元的转账支票丢失。这可急坏了小李，该怎么办呢？会计老张告诉小李："你应该马上到银行办理挂失，同时办理银行预留印鉴的更换手续，可以把备案的个人名章另换一个人，让银行马上就启用。"在此，立刻更换银行备案印鉴是一个可行的方案。但对于丢失支票而言，应该用以下的程序处理。

(1) 立即报告上级并通知开票单位。

假如不慎丢失了支票，要立即向上级报告，同时还要立即通知开出支票的一方，请求通知其开户银行暂停支付，协助防范。

(2) 开票方前往开户银行。

开出支票的一方应立即电话通知开户银行暂停支付，要持止付申请的公函和预留银行印鉴，尽快前往开户银行，办理暂停支付的申请手续。

(3) 向法院申请。

在请求银行协助暂停支付后，还要立即向开户银行所在地的人民法院申请公示催告，提交已丢失支票的存根及其他证据，办理申请手续。

(4) 正式止付。

持法院公告催示等手续，向银行提出终止支付申请，办理正式止付手续。

二、银行结算的原则

银行结算是一个复杂的收付程序。每一笔款项的结算都涉及到付款单位、收款单位、付款银行、收款银行等几个单位、多个环节的业务活动。其中的任何单位和任何一个环节不按统一的规定办理，都会给结算业务带来困难。为保证银行结算的顺利进行，付款单位、收款单位、付款银行和收款银行，应当严格遵循银行结算的基本原则。

1. 恪守信用，履约付款

在市场经济条件下，存在着多种交易形式和对应的商业信用。收付双方在经济往来过程中，根据双方的资信情况自行协商约期付款。一旦交易双方达成了协议，那么交易的一方就应当根据事先的约定行事，及时提供货物或劳务，另一方则应按约定的时间、方式支付款项。

2. 谁的钱进谁的账，由谁支配

银行作为结算的中介机构，在办理结算过程时，必须保护客户资金的所有权和自主支配权不受侵犯。各单位在银行的存款受法律保护：客户委托银行把钱转给谁，银行就把钱进谁的账；谁的钱就由谁来自主支配使用。除国家法律规定以外，银行不代任何单位查询、扣款，不得停止各单位存款的正常支付。

3. 银行不垫款

银行在办理结算过程中，只提供结算服务，起中介作用，负责将款项从付款单位账户转到收款单位账户，不给任何单位垫支款项。因为银行给其他单位垫支款项会扩大信贷规模和货币投放。付款单位在办理结算过程中只能用自己的存款余额支付其他单位款项，收款单位也只能在款项已经银行办妥收款手续，进入本单位账户后才能进行支配使用。

银行票据结算方式

前面说到银行的结算具有很多方式，有支票、汇票、汇兑、信用证等，下面就来介绍下这些票据结算方式的具体流程。

一、汇票结算程序

汇票分为银行汇票和商业汇票，两种汇票的结算程序分别如下。

1. 银行汇票结算程序

经过承汇、结算、兑付和结清余额四步骤，具体结算程序如下：

(1)汇款人委托银行办理银行汇票结算业务；

(2)银行向汇款人签发汇票；

(3)汇款人使用银行签发的汇票进行结算业务，持汇票办理进账或取款；

(4)通知汇票已解付；

(5)结算汇票并退余额。

2. 商业承兑汇票结算程序

(1)签发和承兑商业承兑汇票。商业承兑汇票一式三联，可由收款人签发，也可由付款人签发，汇票签发后，第三联由签发人留存备查，第一联由付款人(即承兑人)留存，第二联由付款人在承兑栏加盖预留银行印章，并在商业承兑汇票正面签署“承兑”字样，并将商业承兑汇票交给收款人。

(2)承兑并盖预留银行印鉴。

(3)委托收款。收款人或被背书人将要到期的商业承兑汇票送交开户银行办理收款手续，收款一般采取的是委托收款方式。

(4)收款人开户行将凭证和汇票传递给付款人开户行。

(5)到期兑付。付款人应在商业承兑汇票到期日前筹措款项，于到期日前将票款足额交存开户银行。

(6)银行划拨款项。付款人开户银行收到传来的委托收款凭证和商业承兑汇票后，将款项划给收款人。

3. 银行承兑汇票结算程序如下

(1)出票(指由收款人签发)；

(2)申请承兑并签订承兑协议；

(3)同意承兑；

(4)送交银行承兑汇票；

(5)到期交付票款；

(6)到期日前委托银行收款；

(7)承兑行将款项划拨给收款人开户行；

(8)收款人收妥票款入账。

二、本票结算程序

银行本票的结算程序，包括签发本票和款项结算，主要程序如下。

1. 申请签发银行本票

(1)申请人向银行交存款项，填写“银行本票申请书”，申请签发银行本票；

(2)银行向申请人签发银行本票；

(3)申请人(付款人)持票在同城范围内办理结算；

(4)收款人持本票、进账单到开户银行办理收款；

(5)收款人开户银行收妥入账，并退回进账单回单给收款人；

(6)银行间传递凭证，划转款项。

“银行本票申请书”的格式由中国人民银行各分行确定和印制。在签发不定额本票时，如果是用于转账的，在本票上划去“现金”字样；如果是用于支取现金的，在本票上划去"转账"字样。银行受理银行本票申请书，在收妥款项后，据以签发银行本票。

2. 出票

申请人持银行本票可以向填明的收款单位或个体经济户办理结算。本票必须记载下列事项：表明"本票"的字样；无条件支付的承诺；确定的金额；收款人名称；出票日期；出票人签章。未记载上述规定事项之一的，本票无效。本票上记载付款地、出票地等事项的，应当清楚、明确。本票上未记载付款地的，出票人的营业场所为付款地。

3. 收款人受理银行本票

收款人收到银行本票后，应审查下列事项：

(1)收款人是否确为本单位或本人；

(2)银行本票是否在提示付款期内；

(3)必须记载的事项是否齐全；

(4)出票人签章是否符合规定，不定额银行本票是否有压数机压印的出票金额，并与大写出票金额一致；

(5)出票金额、出票日期、收款人名称是否更改，更改的其他记载事项是否由原记载人签章证明。

收款人审查无误后，填写一式两联进账单连同收到的银行本票，交本单位开户银行办理收款人账手续。

4. 银行间划拨资金

收款人开户行收妥入账后，通知收款人，付款人开户行和收款人开户行办理资金划拨。

三、支票结算程序

1. 现金支票结算程序

开户单位用现金支票提取现金时，由本单位出纳人员签发现金支票并加盖银行预留印鉴后，到开户银行提取现金。如果开户单位用现金支票向外单位或个人支付现金时，由付款单位出纳员签发支票并加盖银行预留印鉴后交收款人，同时收款人需在存根联签收。收款人持现金支票到付款单位的开户银行提取现金，并按照银行的要求交验有关证件。

2. 转账支票结算程序

转账支票由付款人签发后，可以直接交给收款人，由收款人委托其开户银行代收，也可以直接交给付款人开户银行，委托开户银行将款项划转给收款人。

(1)由付款人签发，交收款人办理转账结算。

① 付款人按应付款项签发转账支票并加盖银行预留印鉴，交给收款人；

② 收款人审查无误后，应作委托收款背书，在支票背面“背书人签章”栏签章，记载“委托收款”字样和背书日期，在“被背书人”栏记载开户银行名称，并将支票和填制的“进账单”一并交给其开户银行办理转账手续；

③ 银行受理后，在“进账单”上加盖银行印章，退回收款人，作为收款入账凭据；

④ 银行之间传递支票同时清算资金。

(2)由付款人签发，委托开户银行办理转账结算。

① 付款人按应付款项签发转账支票加盖银行预留印鉴，并填制“进账单”，直接交其开户银行，要求其进行转账；

② 付款人开户银行受理后，退回“进账单”回单联(第一联)，并将款项划至转收款人开户银行；

③ 银行之间传递凭证，并办理划转手续；

④ 收款人开户银行办妥进账手续后，通知收款人收款入账。

四、托收承付结算程序

异地托收承付包括托收、承付两个阶段，主要步骤为：

(1)销货单位按经济合同发货后，填制异地托收承付结算凭证等单据交开户银行，委托银行收款；

(2)销货单位开户银行受理后将有关单据寄往购货单位开户银行；

(3)购货单位开户银行将单据转给购货单位并通知付款；

(4)购货单位收到开户银行转来的单据后，于承付期内进行验单或验货，如无异议，购货单位开户银行在承付期满的第二天将款项划转给销货单位开户行。

五、信用卡结算程序

持卡人持信用卡在特约购物点消费时，应按以下程序进行。

1. 持卡人将信用卡和身份证件一并交特定单位

如果信用卡属智能卡、照片卡等，可免验身份证件。特约单位不得拒绝受理持卡人合法持有的、签约银行发行的有效信用卡。

2. 特约单位审查信用卡

特约单位受理信用卡时，应审查下列事项：确为本单位可受理的信用卡；信用卡在有效期内，未列入“止付名单”；签名条上没有“样卡”或“专用卡”等非正常签名的字样；信用卡无打孔、剪角、毁坏或涂改的痕迹；持卡人身份证或卡片上的照片与持卡人相符。

3. 办理结算手续

特约单位受理信用卡审查无误的，在签购单上压卡，填写实际结算金额、用途、持卡人身份证件号码、特约单位名称和编号。如超过支付限额的，应向发卡银行索取并填写授权号码，交持卡人签名确认，同时核对其签名与卡片背面签名是否一致。经审查无误后，对同意按经办人填写的金额和用途付款后，由持卡人在签购单上签名确认并将信用卡、身份证件和第一联签购单交还给持卡人。

小案例

为了反映和监督银行存款的收付情况，应设置“银行存款”账户。该账户借方登记银行存款的增加，贷方登记银行存款的减少，余额在借方，表示银行存款的结余。

如一个新开的公司2013年12月10日申请签发银行汇票，将32 000元从结算存款户转做银行汇票存款，取得银行汇票后，根据“银行汇票申请书”存根联，编制会计分录如下：

借：其他货币资金——银行汇票存款　　32 000

　　贷：银行存款　　32 000

提 示

转账支票小常识

1. 注意有效期

为了及时确定收到的转账支票是否真实有效，加快资金周转，收到转账支票后，出纳应当及时交存银行，不要为了工作的便利而拖延时间或者心存侥幸。转账支票的支付联上印有有效期为10天的字样，是指自开票之日起连续10天内有效。但是，如果到期日的最后一天是法定节假日，则法定节假日后的第一个工作日就是最后支付日。遇有这种情况，应当提前一个工作日将转账支票存入银行。

2. 多久才会到账

在同一个城市，付款方和收款方同属一个银行，如果在当日上午10时前交存完毕，一般在当日下午16时后即可到账；在同一个城市，付款方和收款方不同属一个银行，如果在当日上午10时前交存完毕，一般在下一个工作日上午10时后即可到账。如果付款方和收款方不在同一个城市，除中国人民银行确定的跨地区支票互认的异地银行外，一般需采用电汇等形式付款。

3. 不要折叠污损

使用和携带转账支票时，注意不能折叠和污损。

外汇管理业务

外汇管理业务是出纳业务的一个重要部分，随着经济的发展和市场的开放，人们对外汇的需求越来越多。在外汇管理中，首先要熟悉外汇的基本知识，在此基础上，才能对外汇出纳业务的处理游刃有余。本章主要从外汇基本知识、日常业务处理及银行外汇核对等方面来进行学习。

在这一章，你将会知道

◇ 外汇基本知识有哪些。

◇ 出纳外汇结算方式有哪些。

◇ 出纳外汇核算如何处理。

外汇基础知识

外汇，即是以外币表示的用于国际结算的支付凭证。外汇的基础知识主要包括外汇和汇率的概念，外汇账户的办理等。

一、外汇和汇率

外汇分为狭义的外汇与广义的外汇。狭义的外汇指的是以外国货币表示的，为各国普遍接受的，可用于国际间债权债务结算的各种支付手段。广义的外汇指的是一国拥有的一切以外币表示的资产，在国外能偿付的外币、外币票据、各种支付凭证、股票和债券，以及可以用来清偿国际间债务的其他资产，都属于外汇的范畴。具体包括：

(1)外币现钞，包括纸币、铸币；

(2)外币支付凭证或者支付工具，包括票据、银行存款凭证、银行卡等；

(3)外币有价证券，包括债券、股票等；

(4)特别提款权；

(5)其他外汇资产。

汇率是指以一国货币兑换成另一国货币的比率或比价。要将不同国家间的货币进行折算，就要明确标价方法和汇率种类，才能在外汇结算业务中准确进行外币折算。

1. 汇率的标价

常用的标价方法包括直接标价法、间接标价法。

(1)直接标价法。直接标价法是以一定单位的外国货币，折算为相应数量的本国货币价格的方法。在直接标价法下，固定单位的外国货币兑换本国货币的数值增大，称之为外国货币汇率上升，表示为外国货币升值，本国货币贬值；反之，则表示外国货币汇率下降，本国货币升值，外国货币贬值。

如：1 美元 =8.2750 人民币元，即表示为用 1 美元可以兑换到 8.2750 元人民币。

（2）间接标价法。间接标价法是以一定单位的本国货币，折算为相应数量的外国货币价格的方法。英国一直采用间接标价法。

如：1 英镑 = 1.3750 美元，即表示为用 1 英镑可以兑换到 1.3750 美元。

2. 汇率的种类

汇率由于其具有时效性强和受环境影响大的特点，按不同的情况有以下分类方法。

（1）买入汇率和卖出汇率。在我国，外汇收支一般均集中在商业银行和政策性单位，它们在收支外汇的过程中实行外汇买卖，以赚取买卖差价，其外汇标价方法可以分为买入汇率、卖出汇率和中间汇率。

小案例

2013 年某日，银行当天的美元买入价为 1 美元 =6.20 人民币元，当天的美元卖出价为 1 美元 =6.40 人民币元，则美元中间价为 1 美元 =6.30 人民币元。对于企业而言，银行买入价则是企业的卖出价，银行卖出价则是企业的买入价。

（2）即期汇率和远期汇率。汇率的时效性相当强，即期汇率是指双方买卖成交后，在当天或于两天内付款，实行交割的汇率。远期汇率又称为期汇汇率，是指外汇买卖在未来某一约定时期实行交割时的汇率，常在外币交易套期保值业务中采用。

小案例

2013 年 1 月 5 日的汇率为 1 美元 =6.2735 人民币元，但 1 月 6 日的汇率可能是 1 美元 =6.2760 人民币元，后天则可能是 1 美元 =6.2715 人民币元等。

(3)国际汇兑方式下的汇率。电子国际汇兑结算业务中，由于信用工具和外汇收付时间的不同，可分为电汇、信汇和票汇汇率。电汇汇率是以电报、海底电缆或电传传达付款时所使用的汇率，一般被视为汇率基准；信汇汇率是以信函传达付款通知时使用的汇率；票汇汇率是指银行买卖外币资产、支票或其他票据时所使用的汇率。

二、外汇收支项目与结售汇

外汇收支项目包括经常项目和资本项目。其中，经常项目就是国际收支中涉及货物、服务、收益及经常转移的交易项目，也就是国际收支中经常发生的交易项目。资本项目就是国际收支中引起对外资产和负债水平发生变化的交易项目。

在办理外汇业务的过程中，经常会遇到结汇和售汇的情况。其中，结汇就是将外汇收入出售给外汇指定银行，银行按一定汇率付给本国货币的行为；售汇是指外汇指定银行将外汇卖给用汇单位和个人，按一定的汇率收取本国货币的行为。

三、外汇账户

外汇账户是指境内机构、驻华机构、个人按照有关账户管理规定在经批准经营外汇存款业务的银行和非银行金融机构以可自由兑换货币开立的账户。

1. 外汇账户分类方式

(1)按外汇资金来源划分，可分为经常项目外汇账户和资本项目外汇账户。

经常项目外汇账户的收入来源于贸易、服务等经常项目外汇，如外汇结算账户、暂收待付账户、境外捐助账户等；资本项目外汇账户的收入来源于资本项目外汇，如外商投资企业资本金账户、外债专户、外币股票专户等。

(2)按账户的功能划分，可分为外汇结算账户和专项账户。

外汇结算账户，用于经常项目项下频繁的收支结算，如中资企业外汇结算账户、外商投资企业外汇结算账户。专项账户，用于存放特定外汇收入或用于特定外汇支出的账户，如境外捐助账户、还贷专户、临时账户等。

(3)按账户的资金形式划分，可分为现钞账户和现汇账户。

(4)按开户期限划分为临时账户和长期账户。

(5)按开户区域划分为异地账户和本地账户。

(6)按账户的币别划分为美元账户、港币账户、日元账户等可自由兑换的外币币种账户。

2. 开立外汇账户的步骤

按照国家外汇管理局1994年4月1日颁布的《外汇账户管理暂行办法》的规定，不同的外汇，办理开户的手续不同。

(1)下列外汇，开户单位应首先向外汇局提出申请，持外汇局核发的《外汇账户使用证》到开户银行办理开户手续。

① 经营境外承包工程，向境外提供劳务、技术合作及其他服务业务的公司，在上述业务项目进行过程中收到的业务往来外汇；

② 从事代理对外或境外业务的机构代收代付的外汇；

③ 暂收待付或暂收待结项下的外汇，包括境外汇入的投标保

证金、履约保证金，先收后支的转口贸易收汇、邮电部门办理国际汇兑业务的外汇汇兑款、一类旅行社收取的国外旅游机构预付的外汇、铁路部门办理境外保价运输业务收取的外汇、海关收取的外汇保证金和抵押金等；

④ 保险机构受理外汇风险、需向境外分保以及尚未结算的保费；

⑤ 捐赠协议规定用于境外支付的捐赠外汇。

开户单位须持有下列材料，才能向外汇局申请领取《外汇账户使用证》：

① 申请开立账户的报告；

② 企事业单位持工商行政管理部门颁发的营业执照，社会团体持民政部门颁发的社团登记证，其他单位持国家授权机关批准成立的有效批件；

③ 外汇局要求提供的其他有关材料。

(2)下列外汇，开户单位可以持下列有效凭证直接到开户银行办理开户手续。

① 外商投资企业的外汇，持外汇局核发的《外商投资企业外汇登记证》；

② 境外借款、发行外币债券取得的外汇，持外汇局核发的《外债登记证》或者《外汇(转)贷款登记证》；

③ 驻外机构的外汇，持机构设立批准部门的批准文件或者投资意向书。

(3)下列外汇，开户单位须持经批准文件向外汇管理局提出申请，持外汇管理局核发的《开户通知》，然后再到开户银行办理开户手续。

① 经国家批准专项用于偿还境内外外汇债务的外汇；

② 经批准对境外法人、自然人发行股票取得的外汇。按照规

定，中国境内的企业、事业单位、机关和团体应当在其注册或者在当地开户银行办理开户，需要在境内其他地区开立外汇账户的，应在当地注册或者登记所在地外汇管理局的核准文件及有关材料向开户所在地外汇管理局申请，并按照规定办理开户手续。

外汇结算业务

外汇结算主要是通过外汇收付来办理清算活动，有很多方式，比如我们常看到的汇付结算、托收结算等，在此我们一一介绍。

一、外汇结算的概念及分类

外汇结算又称国际结算，是通过外汇的收付来办理国内企业、事业单位和机关、团体、部队及其他单位和个人与国外有关单位和个人之间的债权债务关系的清算活动。外汇结算可分为三类，即国际贸易结算、国际非贸易结算和国际金融交易结算。

(1)国际贸易结算，或者说进出口贸易结算，是指国内企业事业单位在商品进出口业务中所发生的与国外有关单位和个人之间债权债务关系的结算业务。

(2)国际非贸易结算，是指国内企业、事业单位和机关、团体、部队及其他单位等由于从事商品贸易以外的经济、文化和政治交往活动，如劳务输出、国际旅游、技术转让及侨民汇款等发生的债权债务关系的结算业务。

(3)国际金融结算，是指国内企业、事业单位由于从事国际金融交易活动，如对外投资、对外筹资、外汇买卖等而发生的债权债务关系的结算业务。

二、外汇结算方式

1. 汇款

汇款是付款方通过银行将应付的款项汇给收款方的一种支付方式。其特点是手续简便、费用少，与其他外汇结算方式相比，汇款结算方式手续最为简便、费用也最少；其次是风险较大，因为一旦款项预付出去或者货物发出，如果对方不履约发货或不履约付款，那么就会面临银货两空的危险。

汇款的种类：汇款可以分为信汇、电汇和票汇三种。

(1)信汇——是汇出银行应汇款人的申请，用航空信函将信汇委托寄给汇入银行，授权汇入银行将款项支付给收款人的一种汇款方式。

(2)电汇——是汇出银行应汇款人的申请，用拍发电报或电传给汇入银行，授权汇入银行将款项支付给收款人的一种汇款方式。采用电汇方式的优点是收款人可以迅速收到汇款，但相对来说费用较高。

(3)票汇——是汇出银行应汇款人的申请，代汇款人开立以其国外分行或代理行为解付银行的银行即期汇票，收款人持汇票到解付银行取得款项的一种结算方式。

汇款的业务流程可以概括为：

(1)委托——汇款人委托汇出银行将款项汇给收款人。

(2)指示——汇出银行指示汇入银行将款项支付给收款人。

(3)支付——汇入银行将款项支付给收款人。

2. 托收

托收是指债权人(出口商)出具汇票，委托银行向债务人(进口商)收取销售货款或劳务价款的一种外汇结算方式。在托收结算方式中，一般有四个当事人：委托人，指开出汇票委托银行向国外付款人收取款项的客户；托收银行，指接受委托人委托，转托国外银行代为收取款项的银行；代收银行，指接受委托银行委托向付款人收取款项的银行，通常是进口商或劳务接受商所在地的银行；付款人，指向代收银行支付款项的客户，一般为进口商或劳务接受商。

托收的特点是安全性较高，对于出口商来说，由于是付款或承兑交单，特别是付款交单，实现了银货当面两讫，不会像货到付款那样冒“银货两空”的风险；手续稍复杂，费用相对较高；对进口商有利，因为它可以使进口商免去申请开立信用证的各项手续，不必向银行预付押金，从而减少有关费用支出，有利于加速资金的周转。

托收的种类：托收按照是否附带货运单据分为光票托收和跟单托收两种方式。

(1)光票托收，是指不附货运单据，只凭汇票付款的托收。一般多用于取出口货款尾数，样品费、佣金、代垫款项、其他贸易从属费用和进口索赔款，等等。

(2)跟单托收，是指委托人将汇票连同货运单据(如提单、保险单等)一并交给托收银行办理的托收。

托收的业务流程：

(1)委托。委托人按照合同规定将货物装运后，填写托收委托书，开出即期或远期汇票，连同全套货运单据送交托收银行，委托银行代为收款。

(2)委托。托收银行将汇票和货运单据以及委托人在委托书上的各项指示，交给代收银行，委托其向付款人代为收款。

(3)提示。代收银行收到汇票及货运单据，向付款人作付款或承兑提示。

(4)付款。付款人向代收银行付清货款，代收银行将货运单据交给付款人。

(5)付款。代收银行将货款汇给托收银行。

(6)结汇。托收银行收妥代收银行转来的款项后将款项付给委托人。

3. 信用证结算

信用证，是指由银行(开证行)依照客户(申请人)的要求和指示或自己主动在符合信用证条款的条件下，凭规定单据向第三者(受益人)或者指定方进行付款，或者承兑和支付受益人开立的汇票；或者授权另一银行进行该项付款，或承兑和支付汇票；或授权另一银行议付。

信用证结算的特点：

(1)安全性高。由于信用证结算是一种银行信用，开证银行以自己的信用作为付款保证，因而对于出口商来说收汇有了较高保障；

(2)手续繁、费用多。采用信用证结算必须履行开证、通知、审证、交单、审单等程序，手续较为复杂，而且对于进口商来说，需要支付较高的费用；

(3) 资金负担比较均衡。对于进口商来说，开证时只需付出部分押金或者提供保证人作担保，收单时才支付全部货款，对于出口商来说，装运货物后可以把单据卖给出口地银行以提前获得款项；

信用证结算的基本程序：

(1)申请。进出口双方在交易合同中规定采用信用证结算方式，为了履行合同，开证申请人(进口商)向当地银行填制开证申请书，依照合同的有关条款填制申请书的各项要求，并按照规定交纳押金或提供其他保证，请开证行开具信用证。

(2)开证。开证银行审核无误后，根据开证申请书的有关内容，向受益人(出口商)开出信用证，并将信用证寄交受益人所在地银行(即通知银行)。

(3)通知。通知银行收到开证银行开来的信用证后，经核对印鉴密押无误后，根据开证行的要求编制通知书，及时、正确地通知受益人。

(4)交单。受益人接受信用证后，按照信用证的条款办事，在规定的装运期内装货，取得运输单据并备齐信用证所要求的其他单据，开出汇票，一并送交当地银行(议付银行)。

(5)垫付。议付银行按信用证的有关条款对受益人提供的单据进行审核，审核无误后按照汇票金额扣除应付利息后垫付受益人。

(6)寄单。议付银行将汇票和单据寄交给开证银行(或开证行指定的付款银行)，以索取货款。

(7)偿付。开证银行(或开证银行指定的付款银行)审核有关单据，认为符合信用证要求的，即向议付银行偿付垫付款项。

(8)开证银行通知开证申请人向银行付款赎单。

(9)开证申请人接开证银行通知后，向开证银行付款，从而获取单据凭以提取货物。

外汇核算业务

外汇业务的核算，在出纳的外汇日常管理中是非常重要的，在对外汇结算的各种方式较为熟悉后，我们再来介绍外汇的具体核算方法。

一、记账本位币的选定

记账本位币就是企业会计记账和编制财务报表所用的货币。对本企业记账和编制财务报表所用货币之外的货币，会计上统称为外币。记账本位币的选定，主要应从基本因素和辅助因素两方面来考虑，基本因素就是收入和支出，辅助因素就是融资。

(1)从日常活动收入现金的角度看；

(2)从日常活动支出现金的角度看；

(3)从融资活动和经营活动的角度看。

选定记账本位币时，关注的应是主要经济活动的货币而不是企业所在地的货币。

二、外币核算规定

1. 外汇业务核算应遵循的原则

(1)外币金额的折算。

企业发生外币现金、存款以及外币债权债务等业务时，应将有关外币金额折合成人民币记账，并同时在账户上登记原币金额和折合率。

(2)折算汇率的选择。

企业将外币折合成人民币记账时，所采用的折合率可以是业务发生当日中国人民银行公布的市场汇价，也可以采用当月 1 日的市场汇价。

(3)企业与银行间的结汇、购汇。

企事业单位向银行结汇时，一方面按照银行兑付给单位的人民币金额记银行存款增加数，另一方面按市场汇价计算的人民币金额记应收账款的减少数，两者的差额作为汇兑损益；单位向银行购汇时，一方面按实际支付的人民币金额记银行存款的减少数，另一方面按照市场汇价折合的人民币金额记减少的应付款项等。

2. 外币项目的核算

(1)货币性项目。

是企业持有的货币和将以固定或可确定金额的货币收取的资产或者偿付的负债。货币性项目分为货币性资产和货币性负债，货币性资产包括库存现金、银行存款、应收账款、其他应收款等；货币性负债包括应付账款、其他应付款、短期借款、长期借款、应付债券等。

小案例

某公司“应收账款——外币户”2 月 28 日余额为美元 100 元、人民币 682 元，3 月 31 日余额为 100 美元，要计算“应收账款——外币户”3 月份的汇兑差额，就应用 100 美元乘以 3 月 31 日的即期汇率得出 3 月 31 日的人民币余额，然后减去 682 元，得出的差额就是“应收账款——外币户”的汇兑差额了。

(2)非货币性项目。

非货币性项目是货币性项目以外的项目，如存货、长期股权投资、交易性金融资产(股票、基金)、固定资产、无形资产等。对于非货币性项目来说，不产生或不确认汇兑差额。

3. 汇率的选择

(1)即期汇率。

就是交易当时的汇率。即期汇率每时每刻都在变化，为了方便核算，企业用于记账的即期汇率一般指当日中国人民银行公布的人民币汇率的中间价。

(2)即期汇率的近似汇率。

在汇率变动不大时，为简化核算，企业也可以选择即期汇率的近似汇率折算。

4. 外币业务核算内容

(1)外币兑换业务。

即一种货币兑换为另一种货币的业务。

(2)外币借款业务。

即从银行或其他金融机构取得外币借款以及归还借款的业务。

(3)外币交易业务。

即以外币进行款项收付、往来结算的会计业务。

(4)接受外币投资业务。

即投资人以外币作为资本投入企业的业务。

(5)外币折算业务。

即把外币的金额重新表述为另一种货币的会计业务。

小案例

长江股份有限公司以人民币为记账本位币，外币交易采用交易日的即期汇率折算。2009年9月1日，因外币支付需要，从中国银行购入100 000港币。

① 长江股份有限公司财务人员到银行填写银行购汇申请书并加盖银行预留印鉴，然后交付银行，银行受理并出具人民币户借记通知。

② 根据购汇申请书及借记通知编制记账凭证。

第七章

巧做出纳有方法

出纳是一项需要细心和耐心的工作，俗话说“熟能生巧”。但是，出纳工作中也还是有很多诀窍可以学习的，掌握这些方法，不仅可以让你的工作效率提高，还会让你觉得出纳本身是一件很有意思的工作，不会再显得那么枯燥、烦琐。本章我们就来学习如何巧做出纳。

在这一章，你将会知道

◇ 出纳基本功有哪些。

◇ 出纳防出错技巧有那些。

出纳基本功

出纳工作有很多是可以日常练习的，出纳的基本功一定要扎实，才能让工作得心应手，这些基本功包括很多方面，下面我们就来一一介绍。

一、熟练计算器盲打

过去的财务人员，在两只胳膊的衣袖外套上一对蓝色或者白色的套袖，桌上要放着一个油光锃亮的红木算盘。他们工作起来，眼睛只看数据，就能把算盘珠打得上下飞舞，声声悦耳，这就是那个时代的“盲打”。随着计算器的普遍使用，这个时代对“盲打”的要求也不同以往，出纳作为每天都要使用计算器的专业人员，需要具备熟练使用计算器的专业技艺，应当自觉地加强计算器的使用练习，努力达到和保持“盲打”的水准。

盲打指法：就像很多人使用计算机键盘时能做到盲打一样，掌握计算器使用的规范指法，对于提高准确性和计算速度非常有益。只要加强练习，就能够达到计算器盲打的水平。下面，以右手为例，描述各手指负责控制的键符：

- 右手食指，负责点击数字7，4，1，0。
- 右手中指，负责点击数字8，5，2，00。
- 右手无名指，负责点击9，6，3，%和 . 。
- 右手小指，负责点击运算符 +， −， ×， ÷， =。
- 右手拇指，负责点击 CE 键。

二、出纳点钞技术

1. 手动点钞

出纳会接触现金收付业务。收付现金量很大的特殊行业与一般行业相比，对点钞的速度要求就会很高。在现实工作中，大部分行业并不需要出纳必须具备银行窗口柜员的飞快点钞速度。虽然如此，大多数行业的出纳还是要具备快速的点钞技术，这不仅是职业上的要求，也是提高效率的保证。所以，有必要加强点钞速度的练习。

2. 七步点钞法

(1)整理纸币——将待清点的纸币进行整理，使各立面整齐。

(2)双指夹币——将纸币横放，把左上角夹在左手中指与无名指之间，并用力夹住。

(3)折翻纸币——将以左手中指与无名指夹住的纸币部位作为折点，以右手拇指和食指捏住纸币靠近身体的右角，向左手方向上翻。

(4)托底上压——以左手食指自然托在纸币下部，左手拇指自然压在纸币上部。

(5)指捻斜面——左手中指和无名指夹住纸币，左手拇指和食指轻夹纸币；右手拇指和食指在夹住纸币的同时，将所捏住的纸币角上下捻动，使纸币的左立面自左至右形成斜面。

(6)匀速清点——左手中指和无名指夹住纸币，左手拇指和食指轻夹纸币；右手拇指和食指在夹住纸币的同时，右手拇指右侧摩擦纸币表面，使纸币逐张捻出；左手拇指同时配合轻轻推送纸币。由此依序清点。

(7)整理收尾——将每次清点完毕的纸币，梳理整齐。

3. 点钞机点钞

现在，大部分公司都会配备点钞机。点钞机的出现，大大减少了人工点钞效率低和准确性低的问题，成为出纳的好帮手。所以，对于点钞机点钞也要熟练掌握。其操作步骤如下：

(1)整理凭证。使用点钞机前，要先将相同面额的纸币，按相同图案和相同方向排放整齐，并将残币放在最上面。

(2)上机点检。打开点钞机前部的挡钞板，将纸币放入点钞机后部的验钞口，机器便开始自动逐张进行机检。每检验认可一张纸币，机器的数显屏都会显示出已验过的纸币张数。

(3)二次清点。对已经检验完毕的纸币，还要倒换为另一面再行点验。

小故事

超市每天收到很多现金，刚参加工作的出纳小陆清点起来费时费力。于是问师傅："为什么不能把钱捆好后，直接点捆数呢?"师傅说：如果不对每一张钱的真伪进行检验，怎么能保证收到的钱可靠呢？如果只是点捆数，万一哪一捆里少了或者多了一张，怎么保证钱数准确呢?"该故事告诉我们，出纳收付现金时，都必须对每张纸币进行真伪和数额的确认，这是必须经过的程序，不能简化。

提 示

点钞机点钞不准怎么办?

有家公司的点钞机点出来的钱数经常不准。维修人员说，可以顺时针旋转一下机器后面的一个调节螺栓，每旋转90度就试着点钞一次，看是否正常。机器清点与手工清点的数量能达到三次相同就可以了。

在此，遇到设备异常时，首先可以依照厂家说明书关于故障排除的方法进行处理。如果还不能解决问题，应当及时与设备的维修机构联系处理。

三、鉴别假币、假票

1. 假币的鉴别

出纳在处理业务的过程中，会经常与现金打交道。在当今假币屡禁不止的形势下，如何辨认真币，不接收假币，不但是出纳的必修课，也是出纳的职责所在。根据出纳行业的惯例，假如出纳收到假币未能识别，则将由本人承担赔偿责任。因此，出纳就算是为了自己减少损失，也要练就一双识别假币的火眼金睛。

为了能够准确辨认出假币，出纳应当熟练掌握“六看三摸一听”的真币识别法。

六看——即看水印，看金属线，看紫外光照显示，看孔方图案，看变光油墨，看隐形数字；

三摸——摸凹凸感，摸光洁度，摸厚薄均匀度；

一听——听声音。真币抖动时会发出轻脆声音。

只有对真币的防伪特征了如指掌，才能在遇到假币时，发现细微的差别，将其识破。

小案例

50 元和 100 元人民币的防伪特征鉴别

六看：

(1)看水印。真币正面左侧空白处面向光源时，能看到毛泽东头像的水印，图案清晰，有层次感和立体效果。假币水印模糊，无立体感。真币正面右上角的数字“50”或者“100”下面的红色图案里，有“50”或者“100”字样，但必须将纸币放置在与眼睛接近平行，对着光源才能看到。假币则无须旋转角度就能看到。

(2)看金属线。真币正面能看到一条完整的金属线。假币的金属线有明显的断续。

(3)看紫外光照显示。放入点钞机或者使用验钞灯，真币正面数字“50”或者“100”的上方，会显示金色的“50”或者“100”字样。

(4)看“孔方”图案对接。真币正面自左1/4和背面自右1/4的中心处，分别印有半个“孔方”古币的图案，是阴阳互补的对印图案。迎光透视，两幅图案能准确对接，组合成一个完整的古钱币图案。假币几乎无法对接出完整图案或者对接出现间隙。

(5)看光变油墨。真币正面左下方的面额数字“50”，采用光变油墨印刷。将垂直观察的票面倾斜到一定角度时，50元纸币的面额数字则会由金色变为灰绿色。假币无光变效果。真币正面左下方的面额数字“100”，采用光变油墨印刷。将垂直观察的票面倾斜到一定角度时，100元纸币的面额数字会由绿变为蓝色。假币无光变效果。

(6)看隐形数字。真币正面左下角数字“50”或者“100”的右侧，印有隐形数字“50”或者“100”字样。迎着光看，具有透光效果。假币一般以黄色油墨印制，透光性差。

三摸：

(1)摸凹凸感。搓摸真币正面毛泽东图案衣领处，可感受到凹凸感。搓摸真币正面左上部的国徽和“中国人民银行”字样，可感受到凹凸感。

(2)摸光洁度。真币手感光洁。假币手感粗糙，有涩感，厚薄不匀，容易撕裂。还有的表面涂有蜡状物，手摸打滑。

(3)摸厚薄均匀度。真币手感厚薄均匀，挺韧耐折，不易撕裂。假币手感厚薄不匀，松软，容易撕裂。

一听：

听声音。用力抖动真币，或者手指轻弹，或者两手一张一弛地轻轻对称拉动真币，都能听到清脆响亮的声音。假币声音发闷。

提 示

假币处理方法

(1)立即要求更换。

出纳收款时如发现假币，应当立即要求交款人予以更换。如果交款人坚持不换，应当要求其共同前往附近的银行，进行鉴别。

(2)银行没收。

出纳在银行交存现金时，如被银行柜员发现假币，会被当场没收，并向交款人开具没收手续。为了防止从银行提取的现金中存在假币，应当在现场使用银行提供的验钞设备自行重复检验。发现假币，要立即通知银行工作人员处理。

(3)收假币的后果。

由于出纳应当具备识别真币的业务能力，因此，当出纳误收或者误持假币，或者被银行没收，根据行业惯例，就要承担赔偿责任了。

2. 假票的鉴别

随着制售假发票的违法行为日益猖獗，出纳在开展日常业务的工作中，识别假发票的任务越来越重，责任越来越大。国家对于制售假发票的违法行为，不仅予以严厉打击，而且还在不断完善立法，科技防伪措施不断增强。因此，出纳要及时了解国家采取的发票防伪措施，掌握发票的防伪特征，准确识别真伪发票，减少不必要的损失。假票一旦被税务部门检查发现，这张发票便失去了做账效力。由此可能导致繁杂的追查来源工作，还要视同利润补税，接受罚款等。所以，要学好票据鉴别术。

手写版商业发票的防伪特征：

(1)发票号码。

发票号码采用解析度为240 dpi的数字喷码系统印制。使用放大镜观看，号码是由若干的点组成的。

(2)发票监制章。

发票监制章采用国家税务总局指定使用的荧光防伪墨印制。在紫外线灯的照射下，“发票监制章”的文字会呈现荧光效应(点钞机即可检验)。

(3)发票用纸。

采用新型防伪纸印刷。

(4)查询验证。

配合普通发票查询系统的开通，在普通发票上将采用丝网印刷工艺来加印密码和条码，供查询验证。

增值税发票的防伪特征：

(1)发票监制章。

椭圆形的发票监制章，由“国家税务总局监制”每个文字的汉语拼音第一位字母组成，即“GJSWZJJZ”。可以通过高倍放大镜观看。最新版的增值税发票，可以在“国家税务总局监制”的位置稍微加热至35℃以上，则该标记由红色逐渐转变为橘黄色，直至基本消失。

(2)专用密码区。

增值税专用发票和普通发票，都设有专用密码区。当输入发票信息后，在打印时自动生成由数字和字符组成的密码群。税务部门验票时，将密码区进行扫描比对，核验确认后才能入账使用。未核验通过的，有可能是假票，不能使用。

(3)发票号码。

增值税专用发票的号码，采用异型字体印刷。

服务业、娱乐业、文化体育业发票的防伪特征：

(1)发票监制章。

发票上的椭圆形发票监制章在紫外线照射下，呈现橘红色。

(2)条纹荧光。

将35℃以上热源置于发票联背面(与正面税徽对应部位)3秒钟左右，税徽图案的颜色变浅或呈无色。

另外，为了鼓励消费者促使服务企业开具发票，一些地区的税务部门实行了有奖开票的激励措施。消费者可以拨打发票公布的查询电话，或者通过网上咨询系统进行查询。

提示

收到假发票怎么办

有的收款单位的业务人员可能会将买来的假发票交给付款单位报销。面对这种情况，有人认为，如果发票提供人无法更换为真票，可以请税务局鉴别真伪，在发票上加盖鉴别章，然后由财务经手人写上说明附在发票背后做凭证。其实，在这种情况下，对于税务部门鉴别出的假发票，即便由财务人员写出书面说明，也是不能作为记账凭证的。如果确实无法换回真发票，只能交由会计人员依法进行账务处理，出纳还应当承担接收假发票的责任。

出纳不出错的技巧

做任何事情，都要讲究方式方法，并熟练掌握相关要领。出纳工作也是如此。所以说，出纳工作的关键在于认真、细心，遇事不慌，要讲究工作艺术。

一、基本方法

每个数字都是从手中一个一个写出来，在电脑键盘上一个一个敲进去的。当进行每笔业务的填制、登记和计算时，可以先放慢速度，以确保每个数据都是准确的。这样，表面上看好像速度慢了些，但由于已经从基础保证了数据的一次准确成型，从总体来讲，速度未必是慢的，甚至会快很多。

除了把每一个数据进行准确地使用和加工外，一定还要养成自检复核的工作习惯。有些人对自己的数据过于自信，不屑或者不情愿翻回头来进行检查复核，这是不好的习惯，一定要纠正。我们提出进行自检复核，就是要通过这个程序，在制度上为数据的准确性增加一道保险，使出纳业务的工作程序更为严谨。

二、力求达到精准

的确，人非圣贤，孰能无过？正因为人类具有出错的天性，才更需要找到杜绝出错或者最大限度地避免出错的科学方法。出纳要使自己的数据达到精准的境界，就必须养成细心的职业习惯。

(1)首先，在收付现金时要唱收唱付。需要报销的发票，抬头与本单位不符、大小写金额不符、涂改发票、发票上无收款单位章或收款人章、发票与支票入账方不符者，均不接受发票，待补办手续后再报核。

(2)报销单位需先签字、后付款；收款单据先交款、后盖章；付款单据要盖付讫章。

(3)付款单据如由他人代领现金，应签代领人名字，而不得签被代领人名字；代领人不是本单位职工的，要注明与被带领人关系及其联系地址。

(4)营业外收入及杂务收入，要以经办单位交款单位为依据，收款后开给财务收据。

其次，要注意加强对支票、发票和收据的保管。

(1)领用支票要设立备查登记簿，经单位主管财务领导审签后，并由领用人签章。领用现金支票要在存根联上签字，以防正副联金额不符。

(2)支票存根联上要逐项写明金额、用途、领用人，并在备查簿上注明空白支票和支票限额。支票作废后要按顺序装订在凭证中。

(3)空白发票和收据不能随便外借，已开具金额尚待带出收款的发票和收据，要由借用人出具借据并作登记，以便分清责任，待款收回后再结清借据。

(4)发票和收据作废后要退回来，先作废后重开，如果是销货发票退回，应该先由仓库部门验货入库后再进行退款。

(5)登记银行存款日记和现金日记账，要首先复核凭证、支票存根、附件是否一致，然后按付出支票号码顺序排列，以便查对。

小故事

甲乙丙三人同时去应聘出纳工作。面试开始。老板拿出一张白条，蛮横地让“出纳”报销。甲义正词严：“这不是正规发票，不可以报销。”乙弯腰谄媚：“行，我先给您报了，然后另外找发票补上。”丙一言不发，只在一张便签纸上写了几个字，递给老板，然后走了出去。老板看后也随即出门。一周之后，人事部经理通知丙被正式录取。有好事者去找老板问究竟，老板说：“甲只会办事不会处世；乙只会处世不会办事；丙会办事会处世。”原来丙私下里不但对老板讲明了白条不能使用的原因和后果，而且还提出了进行合法处理的技术意见。丙既坚持了原则，又提出了不违法违规的解决办法，还给老板保留了面子，表现出了良好的沟通能力和业务能力，当然是用人单位需要的人选。

提示

如何能对数字更敏感

有位出纳朋友感到困惑：刚经手的数，我怎么就记不住呢？老会计说：从事财务工作的人，应当养成细心的职业习惯。对数字不敏感，可以多写勤记，至少把每次开头和结尾的数字记住。这样练下去，就会记得越来越多。

其实，除了那些天生对数字就敏感的人以外，一般人确实很难记住大量的数字。但是，作为财务人员，就应当努力训练和培养自己细心的职业习惯。正像这位老会计说的，要多写勤记，找到适合自己的方法，成为真正的专业人员。